国家社科基金重点项目“社会主义价值与社会主义核心价值体系的内在关联研究”（项目批准号：12AKS005）阶段性研究成果

兰州大学中央高校基本科研业务费专项资金项目“社会主义核心价值体系与文化软实力发展研究”（项目批准号：11LZUJBWZJ002）阶段性研究成果

社会主义核心价值体系通俗系列读本之四

丛书主编 / 王学俭

万里长城永不倒

——爱国主义为核心的民族精神

张新平 主编

（修订版）

蘭州大學出版社

图书在版编目(CIP)数据

万里长城永不倒:爱国主义为核心的民族精神/张新平主编.—兰州:兰州大学出版社,2012.9

(社会主义核心价值体系通俗系列读本/王学俭主编)

ISBN 978-7-311-03966-0

Ⅰ.①万… Ⅱ.①张… Ⅲ.①爱国主义教育—中国—通俗读物 Ⅳ.①D647-49

中国版本图书馆 CIP 数据核字(2012)第 220376 号

责任编辑 钟 静 陈红升
封面设计 管军伟

书 名 万里长城永不倒
——爱国主义为核心的民族精神(修订版)
作 者 张新平 主编
出版发行 兰州大学出版社 (地址:兰州市天水南路 222 号 730000)
电 话 0931-8912613(总编办公室) 0931-8617156(营销中心)
0931-8914298(读者服务部)
网 址 http://www.onbook.com.cn
电子信箱 press@lzu.edu.cn
印 刷 兰州德辉印刷有限责任公司
开 本 710 mm×1020 mm 1/16
印 张 10.25
字 数 151 千
版 次 2013 年 6 月第 2 版
印 次 2013 年 6 月第 1 次印刷
书 号 ISBN 978-7-311-03966-0
定 价 18.00 元

(图书若有破损、缺页、掉页可随时与本社联系)

总 序

建设社会主义核心价值体系,是党顺应世情、国情、党情新变化,深刻把握社会主义意识形态建设规律和时代发展要求,坚持中国特色社会主义文化发展道路,提升社会主义思想文化软实力,发展社会主义先进文化,努力建设社会主义文化强国的重大举措。当前我们正处在一个大发展大变革大调整的时代,国际国内形势的深刻变化使我国意识形态领域面临着空前复杂的情况。从国际来看,经济全球化趋势深入发展,各种思想文化相互激荡,不同文明之间的交流交融交锋更加频繁,文化软实力在综合国力竞争中的地位和作用更加凸显,维护国家文化安全的任务更加艰巨,增强国家文化软实力、中华文化国际影响力的要求更加紧迫。从国内来看,我国已经进入了全面建设小康社会的关键时期和深化改革开放、加快转变经济发展方式的攻坚时期,经济社会发展呈现许多新的阶段性特征。社会生活日趋多样化,社会意识更加多元化,在社会思想空前活跃、主流积极健康向上的同时,一些错误的、消极的、颓废的思想意识也有所滋长。文化越来越成为民族凝聚力和创造力的重要源泉、越来越成为综合国力竞争的重要因素、越来越成为经济社会发展的重要支撑,丰富精神文化生活越来越成为我国人民的热切愿望。

面对经济体制深刻变革、社会结构深刻变动、利益格局深刻调整、思想观念深刻变化的新局面,面对思想领域不断发生变化、文化领域不断增长要求的新形势,党始终站在社会主义意识形态安全和社会主义国家文化软实力建设的高度,密切重视社会主义核心价值体系建设。党的十六届六中全会第一次明确提出了“社会主义核心价值体系”这一科学概念和“建设社会主义核心价值体系”这一重大命题,并对社会主义核心价值体系的基本内容做出了明确界定，强调"社会主义核心价值体系是建设和谐文化的根本"。党的十七大报告把建设社会主义核心价值体系、增强社会主义意识形态的吸引力和凝聚力，当做推动社会主义文化大发展大繁荣的首要任务，鲜明地提出"社会主义核心价值体系是社会主义意识形态的本质体现"。党的十七届六中全会在《中共中央关于深化文化体制改革、推动社会主义文化大发展大繁荣若干重大问题的决定》(以下简称《决定》)中，把建设社会主义核心价值体系规定为社会主义文化建设的根本任务，强调"社会主义核心价值体系是兴国之魂，是社会主义先进文化的精髓，决定着中国特色社会主义发展方向"，要"坚持用社会主义核心价值体系引领社会思潮，在全党全社会形成统一指导思想、共同理想信念、强大精神力量、基本道德规范"。自党的十六届六中全会首次提出"建设社会主义核心价值体系"这一重大战略任务以来，社会主义核心价值体系作为理论热点引起了持续的关注和热烈的讨论。党的十八大报告再一次强调要深入开展社会主义核心价值体系学习教育，用社会主义核心价值体系引领社会思潮、凝聚社会共识。党的十八大报告还提出倡导富强、民主、文明、和谐，倡导自由、平等、公正、法治，倡导爱国、敬业、诚信、友善，积极培育和践行社会主义核心价值观。

建设全面发展、全面进步的社会主义和谐社会，必须在不断发展和完善社会主义经济、政治、文化、社会及生态文明等五个制度建设的同时，积极探索社会主义在精神和价值层面的本质规定性。构建科学完备的社会主义核心价值体系，是社会主义是否追求完善、是否趋于成熟的一个重要标志；推进社会主义核心价值体系建设，是社会主义是否与时俱进、是否不断发展的一个衡量依据；促进全党和全国各族人民深入学习和贯彻社会主义核心价值体系，更是社会主义是否获得认同、是否凝聚力量的一个评判标准。物质贫乏不是社会主义，精神空虚也不是社会主义。没有社会主义文化的大发展大繁荣，就没有社会主义现代化。没有社会主义的核心价值观建设，也不能建设成真正的社会主义。

社会主义核心价值体系建设问题，是一项非常复杂的系统工程，其最终落脚点应该是全体社会成员对社会主义核心价值体系的深入学习和深刻践行。如何更加紧密联系实际、联系群众、联系生活，推动社会主义核心价值体系的普及教育，推进社会主义核心价值体系的大众化和市场化，是哲学社会科学工作者必须承担的作为促进社会主义文化大发展大繁荣的重要任务，也是文化产品创作发展的最主要领域之一。我们要把社会主义核心价值体系融入思想教育活动之中、融入舆论宣传活动之中、融入精神文化生活之中、融入文化产品消费过程之中，创新教育方法、改进引导方式，切实做到因势利导、潜移默化、春风化雨、注重实效。

《社会主义核心价值体系通俗系列读本》正是基于上述历史背景和现实需要，从传播社会主义核心价值体系的角度出发，在贯彻落实党和国家政策方针的基础上，试图用平易朴实、深入浅出的语言，生动活泼、内容多样的形式编写的一套人民群众看得懂、听得进、学得会的社会主义核心价值体系普及教育读本，在更广阔的领域、更广泛的群体，深入推进社会主义核心价值体系建设。将理论界对社会主义核心价值体系的研究成果推向普通人民群众，以理论通俗读物的形式，进一步完善社会主义核心价值体系的传播模式，有效提升社会主义核心价值体系的传播程度。

丛书共六本，由兰州大学马克思主义学院六位教授博士生导师负责编写。第一本《凝心聚力兴国魂——社会主义核心价值体系》由王学俭教授负责，试图从社会主义核心价值体系建设的历史背景、深刻内涵、建设路径等角度出发，深入浅出地阐述和讲解社会主义核心价值体系建设的主要内容，力求阐明：为什么建设社会主义核心价值体系，什么是社会主义核心价值体系，怎样建设社会主义核心价值体系。第二本《科学真理指航程——马克思主义指导地位》由王维平教授负责，试图从理论阐述、实践印证、历史回溯、未来展望四个维度，阐述马克思主义作为中国共产党的指导思想，在整个社会主义核心价值体系中的基石和灵魂作用，力求阐明：什么是马克思主义和中国化的马克思主义，为什么要选择、坚持和发展马克思主义和中国化的马克思主义，怎样坚持和发展马克思主义和中国化的马克思主义。第三本《高举旗帜不动摇——中国特色社会主义共同理想》由刘先春教授负责，试图从历史梳理、实践验证、具体措施等角度出发，围绕什么是中国特色社会主义共同理想、为什么坚持中国特色社会主义共同理想、怎样坚持中国特色社会主义共同理想，深刻阐述坚持中国特色社会主义共同理想的重要性、必要性和可行性。第四本《万里长城永不倒——爱国主义为核心的民族精神》由张新平教授负责，试图围绕民族精神的渊源、内涵、作用、培育、弘扬和践行等方面，科学回答了什么是民族精神，为什么要弘扬以爱国主义为核心的民族精神和怎样践行和弘扬民族精神等问题。第五本《弘扬时代主旋律——改革创新为核心的时代精神》由丁志刚教授负责，试图从时代精神的形成背景出发，具体阐述时代精神的价值内涵和辉煌成就，通过对时代精神典范的生动描述，探讨弘扬时代精神的具体措施，有效地回答了什么是时代精神，为什么要弘扬以改革创新为核心的时代精神和怎样践行和弘扬时代精神等问题。第六本《知荣明耻树新风——社会主义荣辱观》由马云志教授负责,试图从社会主义荣辱观的八荣八耻的主要内容入手,按照是什么、为什么、怎么办的逻辑思路,坚持理论阐述和事例分析相结合,生动形象、科学有力地阐释和讲解了树立和践行社会主义荣辱观的时代要求、现实意义和实施路径。

本套丛书是主编王学俭教授主持的2012年国家社科基金重点项目"社会主义价值与社会主义核心价值体系的内在关联研究"(项目批准号:12AKS005)和中央高校基本科研业务费专项资金项目"社会主义核心价值体系与文化软实力发展研究"(项目批准号:11LZUJBWZJ002)的阶段性成果。在如何传播和弘扬社会主义核心价值体系,推进社会主义核心价值体系建设方面,项目组积极借鉴传播学、政治传播学、政治营销学、社会心理学等学科的相关理论和方法,考察当前社会主义核心价值体系的传播生态及认同瓶颈,探索社会主义核心价值体系传播的主体素质、受众心理、形态内容、语言符号、媒介工具、机制模式及效果评估,力图建构社会主义核心价值体系传播及营销系统,为社会主义核心价值体系的大众化、生活化、通俗化、国际化提供合理的理论架构和实践指引。编写《社会主义核心价值体系通俗系列读本》,实现社会主义核心价值体系传播的大众化、市场化,正是项目组进行的有益探索和积极尝试。

推进社会主义核心价值体系建设,关键在强化教育引导、增进社会共识、创新方式方法、健全制度保障,其核心是推进社会主义核心价值体系传播的大众化、市场化和产业化。本丛书从设计理念到具体结构、从组织策划到内容编写,都是对社会主义核心价值体系传播和普及教育的一次创新,有利于切实推进社会主义核心价值体系的建设步伐。本丛书既可以作为面向人民群众宣传普及社会主义核心价值体系的大众化教育读本,又可以作为面向基层党政干部学习和践行社会主义核心价值体系的理论通俗读物,还可以作为面向理论研究者深入学习和研究社会主义核心价值体系建设的辅助性材料。

丛书编委会

2012年11月15日

目 录

国为何物 生死相许
——民族精神的主旋律

我荣幸地从中华民族一员的资格，而成为世界公民。我是中国人民的儿子，我深情地爱着我的祖国和人民。

——邓小平

中华文明，源远流长，衣冠上国，礼仪之邦，炎黄为祖，仁和为纲，典籍充栋，文武皆长。一个中国人，一颗中国心，一份爱国情，便蕴含着五千年中华文明的缩影，而当亿万华人会聚在一起，手拉手、心连心、情牵情，便是一个中华文明！爱国主义就是千百年来形成的对自己祖国的深厚感情，它体现出的是中华民族对自己祖国、对自己的人民、对自己的壮丽山河、对自己的丰富灿烂的文化的深深的眷恋和无私的爱。

家国两相依

我爱祖国天安门

“我爱北京天安门，天安门上太阳升。伟大领袖毛主席，指引我们向前进。”1971 年 10 月 1 日，中央人民广播电台将这首由金月苓作曲、金果临作词的《我爱北京天安门》播向全国听众。金月苓和金果临是一对表姐弟，创作这首歌曲时姐姐金月苓是上海第六玻璃厂 19 岁的学徒工，弟弟金果临是上海市常德路第二小学五年级的学生。难以想象,姐弟俩在创作这首歌曲时还从没去过北京,更没亲眼见过天安门,对于天安门形象的把握,主要还是通过电影——高大、壮美便是他们的第一感受。

11 年后,1982 年,由于出差的机会,金果临第一次见到了天安门。在多年之后的一次采访中,金果临向记者坦露了那时心中的激动:“我自己印象很深的,就是一清早,天蒙蒙亮我就赶到北京天安门广场,当时我是非常非常的激动,圆了我的一个梦,我终于来到北京天安门,能够看到毛主席的像,我自己真的是笑开了脸。”

这一对普通的姐弟,在非凡的年代里,用 28 个朴实而热切的字和一曲简单却活泼向上的童谣勾勒出了一个孩子对祖国那懵懂又深情的爱。41 年后的今天,《我爱北京天安门》早已成为了脍炙人口的爱国歌曲,更是每个幼儿园里的小朋友们最喜爱的儿歌。每每在广播、电视、网络上听见这首歌,我们仍能感觉到一股对祖国的纯真情谊在电波里缓缓地流淌、散播开来,那感觉,就像孩子那温热的手心,柔柔的,暖暖的。

这便是对祖国的爱,它不一定惊天动地,但却恒久而坚定;它不一定伟大庄严,但却质朴而深沉。金氏姐弟俩谱写的这首《我爱北京天安门》也启示我们,一种真正爱国的情意只能也必须扎根于人民大众,萌发于千家万户,这样的爱才真实、才厚重。

人们常说“家国天下”,更有人直截了当地说“没有家,哪有国;没有国,何谈家?”虽然表述不同,但两者都道出了国与家之间血脉相连的紧密关系。从古至今,在华夏民族的传统中,家与国是不可分割的共同体。《礼记·大学》中所提倡的“正心、修身、齐家、治国、平天下”乃是千百年来仁人志士的必经之路。西湖三杰之一,明朝民族英雄于谦在抵御瓦剌入侵大捷后书写下“一片丹心图报国,两行清泪为忠家”的豪情壮志,激励着其后的万千军民众志成城,为国为家而战并最终赶走了侵略者。中国近代民主主义革命的先行者孙中山先生穷尽毕生心血,千里奔波,将民主之光引入 20 世纪初黑暗混沌的中国,其终身大志便是为了“立国家亿万年不死之根基”。新中国改革开放的总设计师邓小平在耄耋之年以一个普通公民的身份深情说道:“我是中国人民的儿子。我深情地爱着我的祖国和人民。”这不正是一个老人对家的一份深沉而质朴的爱吗?

中国,简单两个字,亿万深切情。每当少小离乡的游子看见这两个字时，总是难抑激动之情，因为这里有他作为炎黄子孙的根和家；每当戍守边疆的战士看见这两个字时，总是自豪骄傲，因为他们能用自己坚实的臂膀和誓死的决心捍卫背后的国与家；每当辛勤耕耘的农民看见这两个字时，总是倍感踏实而光荣，因为他们用自己点滴积累的劳动成果充实着这个国和家。

不同的人，不同的职业，不同的情境，不同的生活，能将这千丝万缕的人生轨迹编织在一起的便是家，便是国，便是那忠贞不渝、质朴深沉的对国对家的爱。这份伟大的爱国情谊有如一颗明星，历经狂风暴雨，电闪雷鸣，仍高悬于空，熠熠生辉，永不褪色！

从保家卫国到舍家为国

1849年7月31日，匈牙利爱国诗人裴多菲在瑟克什堡大血战中同沙俄军队作战时牺牲，年仅26岁。作为匈牙利民族文学的奠基人，裴多菲的死不啻于匈牙利乃至世界文学领域任何一颗耀眼巨星的坠落，万千作家诗人为其扼腕叹息。但对裴多菲本人而言，能为国家的尊严和完整，能为自己家里那位20出头便抛下贵族头衔跟自己厮守的爱妻和那一岁半的孩子的安全幸福付出自己的生命，是一种无上的光荣，也是他此生的最大心愿。

"海内存知己，天涯若比邻。"如裴多菲一样，在世界东方的中国，五千年的悠悠岁月中涌现出了一代代保家卫国甚至舍家为国的英雄烈士。

被称为"大汉双璧"的卫青与霍去病，出生奴隶却凭借一腔报国热血，在战场上屡建奇功。据史料记载，卫青七击匈奴，杀敌五万余；霍去病六击匈奴，杀敌十一万。两位不世名将，用自己的智谋与果敢将屡犯中原的匈奴人驱出域外，保证了平凡家户的生产劳作，也最终成就了汉王朝的中兴大业。

1276年，南宋德祐二年，元军兵围临安，文天祥出使元营谈判，奈何被叛徒出卖而终被拘留，后辗转逃脱，继续抗元。1278年，文天祥不幸被元军俘获，吞龙脑自杀未遂，被囚期间宁死不屈。至元十九年(1282)十二月初九，文天祥英勇就义，留下"人生自古谁无死，留取丹心照汗青"的豪言传诵千古。文臣将相的这种悲壮，不正是千百年来代代英雄志士们保家卫国的坚定信念吗？

当时光流转至20世纪上半叶的抗日战争时期，这时的中国正经历着外敌入侵的艰难时期。1931年9月18日，日本关东军突袭沈阳。由于蒋介石政府执行“攘外必先安内”的政策和对日本的不抵抗方针，国民党驻东北军队大多不战而退。上午8时，日本关东军几乎未遭受抵抗便将沈阳全部占领，这一日被定为中国的“国耻日”。虽然在这之后国民党全力抗战，但却仍未能阻止日本对中国的进一步侵略。七七事变后日本全面侵华，中国面临着亡国灭种的危机。在这紧急关头，只有全民族团结起来实行抗战，才是中国生存和发展的唯一出路。在这种情况下，中国共产党提出并制定了正确的抗日战争指导方针，成为抗日战场上的中流砥柱：

首先，中国共产党积极倡导并努力促成和维护抗日民族统一战线。这一举措使中国抗战一盘散沙的状态被凝聚起来，整个中华大地一心抗敌，从根本上决定了战争的胜利。

其次，中国共产党制定了全面的抗战路线即人民战争的路线。这一全面抗战路线的确立，使得中国军民上下一心，保证了抗战行动的一致性。

最后，中国共产党持久战战略的提出彻底拖垮了日本侵略者的野心。

基于以上这三点，中国共产党人带领全国广大人民取得了抗战的最终胜利。在这次艰苦卓绝的国家保卫战中，无数共产党人赴汤蹈火，狼牙山巅，英勇就义的五壮士；太行山上，八路军副参谋长左权的壮烈牺牲；“国破尚如此，我何惜此头！”——优秀共产党将领吉鸿昌的宁死不屈；在狱中以笔为剑，用文字号召全国志士抗日的方志敏。这些共产党人在烽火硝烟中，用鲜血和生命铸就不朽的民族之魂，挺起了民族的脊梁，担负起救国救民、保家卫国的责任。

盘古辟天地，女娲开中华。洋洋洒洒的五千年历史见证了中华文明薪火相传的足迹，每临兴盛之时，有多少爱国志士投身国家建设，为国之繁盛家之兴旺贡献自己的一腔热血；每当危机之时，又有多少无名英雄戍边报国，为国之大体抛头颅、洒热血，甚至舍弃自己温暖的小家。

家、国，在我们眼中，这是一个共同体，“家是最小国，国是千万家”。对家的依恋就是对国的归属，对国的热爱就是对家的深情。家国两相依，历代先贤的热血付出和深切之爱支撑着华夏古国屹立东方，根基永固。

中华一家亲

博爱之风，千古恒存

翻开《孟子·梁惠王上》，一句话映入眼帘："老吾老，以及人之老；幼吾幼，以及人之幼；天下可运于掌。"

无独有偶，先于孟子，被尊为"天纵之圣"的孔子也在《礼记·礼运篇》中说道："故人不独亲其亲，不独子其子。使老有所终，壮有所用，幼有所长，鳏寡孤独废疾者，皆有所养。"

作为中华传统文化思想的杰出代表者，上述的孔孟之言都点出了华夏民族的一个优秀品质：博爱。在《现代汉语词典》中，博爱指广泛地爱普天下的人。

中华一家亲，源远水流长，五千年的流金岁月铸就了中华民族博爱之美德。"长太息以掩涕兮，哀民生之多艰。"战国末期，中国历史上第一位伟大的爱国主义诗人屈原眼见因连连征战而饿殍不断、众民流离的楚国，心中不忍，于是数度觐见楚王劝其爱民休战，然而却遭受小人陷害，最终郁郁不得志，遂作离骚、沉汨罗，以彰其博爱之心。为寄托对屈原的哀思，百姓们用粽叶包米团投入汨罗江中以免鱼虾糟蹋屈原的尸体。久而久之，这种纪念活动便发展成为今天的端午节。至今，为了悼念这位爱国爱民的诗人，每临五月初五，人们仍赛龙舟、吃粽子。唐人文秀《端午》曾吟道："节分端午自谁言，万古传闻为屈原。堪笑楚江空渺渺，不能洗得直臣冤。"这不正写出了千年前汨罗江畔那个萧索之人感天动地的博爱之心吗？

林觉民，黄花岗七十二烈士之一，近代中国民主革命思想的实践者。1911年，当远在日本庆应大学留学的林觉民得知黄兴等为策划广州起义而在香港成立统筹部后，遂毅然赴港响应起义号召。为充实革命力量，更为开辟一个民主和谐的中国，林觉民又不顾危险，以同盟会会员的身份回到福建召集革命志士。1911年4月24日夜，起义事宜准备妥当，革命志士集结羊城。林觉民面对苍茫浩渺的夜空，想着兴国大事，又不舍家中爱妻,思忖再三,含泪挥毫,写下了情之深、意之切的《与妻书》。林觉民对妻子陈意映的情深意切在这封遗书中体现得淋漓尽致,而正是为了爱妻子也为了让亿万中国人能快乐、幸福地生活,更为了使中国不再遭受列强凌辱,林觉民决心革命,再死不辞:“充吾爱汝之心,助天下人爱其所爱,所以敢先汝而死,不顾汝也。汝体吾此心,于啼泣之余,亦以天下人为念,当亦乐牺牲吾身与汝身之福利,为天下人谋永福也。”在林觉民看来,虽然革命准备充分,但仍然有很大的风险,不过他认为自己为革命而献身值得,因为“天下人不当死而死与不愿离而离者,不可数计,钟情如我辈者,能忍之乎?此吾所以敢率性就死不顾汝也。吾今死无余憾,国事成不成自有同志者在。”好一个死无余憾的林觉民,为了爱妻,为了中国之崛起,更为了天下苍生之幸福,毅然赴死,在所不辞。这难道不是中华博爱之士中的俊杰吗?

在当代中国,博爱早已成为整个社会的共识,更融入了中国共产党和中国政府的国家建设纲领中。进入21世纪后,中国特色社会主义事业的建设步入了新的历史阶段。由于同时面临着社会的转型和经济的持续发展问题,这一时期的社会主义建设对中国今后的发展将产生重要影响。在从国家大局和人民需求相结合的前提出发,结合中华民族传统的博爱精神,中国共产党于2002年11月的中共十六大上第一次提出了建设“和谐社会”的理念并在十六届四中全会上对这一概念做了全面阐释。其中,中央提出的构建社会主义和谐社会的七大措施,包括“加强转移支付力度,缓解基层财政困难”、“加强反腐力度”、“完善个人所得税制度,打击偷税漏税”、“缩小城乡差距”、“改变就业结构”、“建立节约型社会”和“建立人力资源大国”。这些措施从人民经济、医疗、生活等方面多管齐下,针对当今社会普遍存在的不和谐不公正现象,为建设一个博爱、和谐、人人为人人的稳定社会打下了坚实基础。这种将博爱的精神运用到国家治理中的行为向世人昭示着中华民族优秀精神传统在当下的强大生命力,更保证了国家与社会的进步、发展。

古往今来,当沧海桑田,当岁月流金,当如山的巨石被流水化为细小的沙砾,世间的一切都随之流转变幻。在这之中,博爱——这民族的精神,却在悠悠的岁月中历经千锤百炼而愈发展现出其强大的生命力。它就像一块温软的璞玉,不耀人眼目却在时光的摩挲中愈发温润、美丽、恒久留存。

博爱之心,人皆有之

博爱,它不是一两个人的专利,而是中华民族内在的精神体现。无论贫富贵贱,无论老弱盛衰,无论出自何方,来自何处,博爱之心,人皆有之。

一个凡人,六七尺之躯,未足百年之寿,经不得天灾之害,受不了人祸之悲,承不住万斤之压,忍不住刀枪之创。但人之为人,必有超群之处,博爱之心便是其中之一。博爱是一种其他生命不可拥有也不可理解的爱,它不为自己、不唯亲,不为私利、不唯名,它以他人之利为利,以他人之福为福,以他人之不幸为不幸。博爱之心并非仅存于英雄豪杰、民族栋梁、仁人志士之中,它也属于凡人。

博爱可以是一个平凡之人对寒门学子的关怀。白芳礼老人,74 岁时开始不辞辛劳地蹬三轮,赚取微薄的报酬,将之捐献给贫困学生以资助其学业。凡是见过白芳礼老人的人,都会心酸。他一年四季从头到脚都穿着不合身也不配套的衣裤、鞋子。一天四顿都是馒头和白水,偶尔在白水里滴上几滴酱油便已是美味。老人曾经在夏日烈阳下因中暑而昏倒,曾在数九寒天里因不敌寒冷而病倒。老人每个月里最快乐的日子,便是拿着一个月来辛辛苦苦靠汗水得来的钱蹬着车去学校捐钱。2005 年 9 月 23 日,白芳礼老人与世长辞,出葬的那一天,数万民众跟在老人的灵车后为之送行,公交车免费接送为老人送行的队伍,出租车司机停业一天哀悼老人的离世……那时那地, 所有熟悉的或陌生的人都会聚在一起,送这位老人最后一程。这么多年来,白芳礼老人共捐出 35 万元人民币,这与老人极其清贫的生活形成了巨大的反差。如今,白芳礼老人已离世近 7 年,但人们仍记得老人当年的那句话:“我没文化,又年岁大了,吗事干不了了,可蹬三轮车还成……孩子们有了钱就可以安心上课了,一想到这我就越蹬越有劲……”

博爱也可以是一个平凡之人对他人生命的奉献。“他总看别人还需要什么,他总问自己还能多做些什么。他舍出的每一枚硬币、每一滴血都滚烫火热。他越平凡,越发不凡,越简单,越彰显伟大。”这是 2010 年“感动中国十大人物”里节目评审委员会给郭明义的颁奖词,虽然只有短短三句话,却生动地刻画出了郭明义奉献他人的精神特点。1990年,郭明义所在的齐大山铁矿号召职工义务献血,郭明义二话不说便报了名,这是郭明义第一次献血。这次献血经历后,郭明义了解到,献血能够拯救他人的生命,但血库经常血源不足,于是每当号召献血时,郭明义便毫不犹豫地参加。后来,为了服务更多的需要帮助的人,郭明义还主动联系医院献血。就这样,20年来,在献血这件事上,郭明义从来没有间断过,其献血量已经达到了6万毫升,这是一个正常人身体血液的10倍多。郭明义的事迹已广为人知,每一个了解了郭明义献血事迹的人都会为他那颗甘为他人奉献的心所感动。乐于助人,这一个词简单而易懂,但做起来却是困难重重,郭明义便做到了。

白芳礼、郭明义,一个是天津市蹬三轮的平凡老人,一个是辽宁鞍山齐大山铁矿的普通工人,都是这个社会里小小的一员。平凡的岗位平凡的人,平凡的生活平凡的事,却无不闪耀着一颗博爱之心,这是一颗不为自己、不为私利,服务他人、关爱同胞的热忱之心、善良之心。博爱,作为中华儿女的优秀传统,在这两位平凡又伟大的人身上体现得淋漓尽致。为他人、为大家、为社会、为祖国亿万同胞,博爱之心,人皆有之!

博爱之力,大同之光

天下大同,是儒家追求的最高境界。它是孔子的理想,也是孔子后千百代中国人的梦想。“四海之内皆兄弟也”,这便是天下大同的含义。中华民族亲如一家,情同手足,人民生活在一个“人人为公”的社会里,有危难互相帮助,有快乐大家分享,人人平等,人人劳动,“甘其食,美其服,安其居,乐其俗”便是大同、和谐的境界。

作为大同境界的源泉,作为和谐社会的助推器,博爱之力是必不可少的关键。博爱是一种来自于由人的内心而外化为实践的行动,它强调人人爱人人,人人敬人人,人人助人人。

博爱之力是危机情境中的援助之手,每当祖国的某一块土地上发生急情,来自四面八方的人们便会伸出援手。1998年7月,长江洪量暴增,各干流水站洪量都远远超过往年水平,长江干堤在九江大堤处发生决口,大洪水暴发。洪灾期间,长江中下游万千居民流离失所,地方经济损失惨重,眼看素有鱼米之乡的江南一带部分地区将为洪水吞噬。危急关头,在中国共产党的号召下,全国各地人民都参与到抗洪救灾中,亿万民众为灾区捐款捐物,万千军民来到洪灾第一现场为抗洪抢险贡献自己的力量。因为全国人民齐动员,险情很快得到了有效遏制,损失也被降至最低。“众志成城,万众一心”,成为人们对当年那场大洪水最深切的记忆。1998 年特大洪涝灾害后,中国又经历了 2002—2003 年的非典,2008 年四川汶川地震,2010 年青海玉树地震,每一次天灾都是对中国的考验,对人民大众的考验。事实证明,大灾有大爱,每当祖国一些地方需要帮助时,来自四面八方的爱便如得到号令般齐涌而至,一笔笔捐赠、一双双援手都伸向受灾地区,帮助其渡过难关。

博爱之力是共同奋斗的热忱之心,它可以将一份喜悦变成千万份喜悦。2001 年 7 月 13 日,国际奥委会前主席萨马兰奇先生在莫斯科宣布:北京成为 2008 年奥运会主办城市。这一刻守在中华世纪坛的人们沸腾了,整个北京沸腾了,人们像是过年一样,在大街小巷尽情欢笑、庆祝,享受申奥成功的喜悦。除了北京,全中国也沸腾了,虽然奥运会在北京办,但这不仅是北京的骄傲,更是中国的自豪。那一夜,不仅北京不眠,整个中国,东至乌苏里江畔漫天的繁星,西至帕米尔高原上巍峨的雪山,南至曾母暗沙那咆哮的海浪,北至大兴安岭那层峦耸翠的松涛,都不眠,那一夜,无人入睡。北京办奥运,举国共欢庆。这是一个城市的欢乐,更是整个祖国的喜悦,北京将欢乐与全国其他各地的人们分享,全国其他各地民众则为北京的成功而生出由衷的喜悦。一颗喜悦的心,万份喜悦的情,这便是博爱。

无论是喜是悲,是苦是乐,是崎岖小路还是康庄大道,博爱就是共承担,博爱就是同分享。爱我中华之亿万同胞,立我华夏于民族之林,全国各地,祖国上下,全民一心,共同前进。以恒久永存的博爱之心,铸中华民族光明无量之未来!

江山如此多娇

我的祖国,高山巍峨,雄伟的山峰见证历史的风风雨雨;我的祖国,大江奔腾,浩荡的河流冲过时光翻卷的旋涡。东有大兴安岭,南有南沙群岛,西有帕米尔高原,北有呼伦贝尔草原,这一切美丽的图景,这一片壮美的山河，就是我的祖国，中国！

谁不说祖国山河好

“楚塞三湘接，荆门九派通；江流天地外，山色有无中。”——长江，世界第三大河流，亚洲第一大河流，发源于青藏高原唐古拉山主峰各拉丹冬雪山。全长6397千米，流域面积1808500平方千米，约占全国土地总面积的1/5。

“九曲黄河万里沙，浪淘风簸自天涯。如今直上银河去，同到牵牛织女家。”——黄河，世界第五大河流，亚洲第二大河，发源于青藏高原巴颜喀拉山脉北麓卡日曲。流域面积约79.5万平方千米，全长5464千米，经青海、四川等9个省份，最后流入渤海。

作为中华民族最早生存的地方和中华文明的发源地，长江、黄河被国人亲切地称为“母亲河”。五千年来，这两位伟大的母亲，用甘甜的乳汁，哺育了世世代代的华夏儿女。她们不求任何回报，只是用无私的宽广胸怀为生活在中华大地上的儿女们提供安身立命、成长发展的广袤天地。

珠穆朗玛峰，世界最高峰，8844.43米，是中国也是世界最美丽也最令人震撼的山峰，坐落在素有世界屋脊之称的青藏高原上。珠穆朗玛峰方圆20千米内，群峰林立，重峦叠嶂，仅海拔在7000米以上的山峰就有四十多座，如此壮美绝伦的景观在世界上是绝无仅有的。由于山势巍峨险峻，攀登珠穆朗玛峰在19世纪便成为了展示一国国力的极地运动。1960年5月25日凌晨，中国珠穆朗玛峰登山队在突击组组长王富洲的率领下，首次实现了从北坡中国境内登峰的壮举。“英雄气概山河，敢笑珠峰不高”，是当年这支登山队的口号，每当回想起当年攀登珠峰的壮举，王富洲便抑制不住心中的激动：“我当时参加登山队，就是为了完成国家交给的任务，那时候是一定要登上顶峰，要树雄心，立壮志！”山登绝顶人为峰，一队壮志凌云的勇士，一座世界绝顶的高峰，一颗大爱祖国山河的心，在中华大地上谱写下最壮丽的诗篇，成就一段为世人乐道的佳话。

泰山，五岳之长，天下第一山，古称岱山，是历代帝王国君封禅之山。作为中国历史文化名山，现有古建筑群22处、古遗址97处、历代碑碣

819 块、历代刻石 1800 余处，其中尤以南天门、碧霞祠、日观峰为最。此外，泰山自然景观亦是壮美，其规模之大、景观之美，令人震撼。由于既蕴含着中华五千年文明的精髓又兼有自然景观的壮美，泰山被国人称为“国山”。古往今来，数不清的文人墨客为泰山之壮之美折服，更为国家之大、江山之美而发出由衷的赞叹，有杜甫《望岳》为证：“岱宗夫如何，齐鲁青未了。造化钟神秀，阴阳割昏晓。荡胸生层云，决眦入归鸟。会当凌绝顶，一览众山小。”

大河、大山，既有壮丽雄伟之处，也有娇美柔情之时。她们养育了中国人的浩然之气，更成就了灿烂辉煌的中华文明，难怪乎每每览尽世间奇景后，人们还称最是祖国山河好。

赤胆忠心，守卫山河

唐人汪遵作诗咏叹长城：“秦筑长城比铁牢，蕃戎不敢过临洮。虽然万里连云际，争及尧阶三尺高。”

作为中国历史上历代修筑的伟大军事工程——长城，已成为了中华民族英勇抗敌、誓死守卫祖国山河的有力见证。长城全长 8851.8 千米，其主体西起嘉峪关，东至辽东虎山，平均高 6 至 7 米，宽 4 至 5 米。从春秋到秦汉，由唐宋至明清，各朝各代都曾修筑过长城，虽然投入的人力多少不同，铸造的长度各异，但其最终目的是相同的：守卫祖国山河。

当我们翻开中国历史的书页，便会看见许多关于在长城抵御外敌的记载，秦将蒙恬、“唐初第一名将”李靖、“五代英主”柴荣、“西湖三杰”之一于谦……这一串串熟悉的姓名，一位位在历史上战功彪炳的英雄，都曾带领着自己的部下，怀揣一颗报国忠心，在长城屡挫入侵者。时至今日，每当人们爬上蜿蜒陡峭的长城，俯瞰中国的大好河山时，都不禁会想见到当年这些爱国英雄们为祖国抛头颅洒热血的悲壮场景。

像长城一样，华夏大地上的很多建筑、千万河山都曾见证过一个个可歌可泣的爱国故事，一位位令人崇敬的民族英雄。澳门大炮台遗址、南京雨花台、湖北武昌起义遗址、广西三元里抗英遗址……千百个坐落于锦绣河山间的爱国遗址无一不在昭示曾经的爱国志士们为了祖国的大好河山，为了民族的未来而不惜牺牲自己生命的豪情壮志。祖国的山河，养育了千百代华夏儿女；祖国的儿女，用生命守卫着华夏山河。这便是中华民族经久不衰、中华文化流传不断的根本保障。

我的祖国，大江磅礴；我的祖国，高山巍峨；壮哉、美哉，祖国山河！

中华文明 源远流长

延绵千年，灿烂辉煌

罗素有言："我们西方人可以从中国人那里学习善于沉思的明智。正是这种沉思的明智使中国的文明得以保持，而其他民族的古代文明却早已消亡。"

1920至1921年，罗素应邀来华讲学，回国后，大师将自己对中国和中国人的观察汇集起来，便有了后来的《中国问题》一书，上文所引的罗素的话便来源于此。客观而言，罗素对中华民族及文明的评价是经得起推敲的，他发现了中华文明重视思想传承的特质。

与世界上其他文明相比，中华文明是唯一一个历经五千年沧桑风雨而传承至今的文明，其本身的强大生命力也昭示了其强大的吸引力。五千年来，中华文明经过民族的融合、时代的更迭和领土的变迁，表现出多样性的特点。但由表及里地看，中华文明的内核仍未曾改变，讲求"和谐"、"秩序"、"道德"、"礼仪"仍是中华文明的精神特质。

从龙山文化、仰韶文化到21世纪的中国，中华文明开创了一个又一个辉煌的时代，同时也为世界的发展进步贡献出了自己的力量。"中华者，中国也。亲被王教，自属中国，衣冠威仪，习俗孝悌，居身礼义，故谓之中国"，礼仪文化是中华文明的重要组成部分。作为一个地域广袤的大国，为了社会生活的稳定，为了国家的太平，为了便于政府的治理，礼仪便诞生了。长幼之序、先后之序、社会法则、道德礼俗，这些都属于礼仪的范畴，它们规范了人们日常生活的言行举止和社会运行的方式，为中国的发展提供了保障。"以和为贵"是中华文明的另一精神特质，其主要内容便在于提倡个人生活中的谦和礼让，国家交往中的和平往来，人与自然关系的和谐共处。这些精神文明历经五千年沧桑，传承不断，是中华民族精神文明的精髓所在。

在物质文明方面，中华文明也展现出强大的创造力。从火药、指南针、造纸术、印刷术这四大发明到陶瓷、山水画等生活用品、艺术品，中华文明确立了其独特的审美意趣和生活哲学。

作为东方文明的最主要代表，中华文明对世界其他地区和国家都产生了程度不一、大小不同的影响。这其中，日本、韩国、朝鲜东南亚等周边国家受中华文明影响最深，这一地域范围在之后也被人们称为儒家文化圈。

而今，在社会主义的中国，在21世纪的中国，中华文明仍保持着旺盛的生命力和强大的感召力。它不但是中华民族的基石，更是世界文明史上的一笔宝贵财富。

文明繁盛，祖国荣昌

2012年1月23日，在隆隆的爆竹声中，华夏大地迎来了农历新年。人们走亲戚、放鞭炮、舞狮子、逛庙会，好不热闹，整个中国都洋溢着喜庆祥和之气。

不仅华夏大地一片欢腾，海外许多国家亦是如此。在美国，春节已逐渐成为每个州的法定节日，纽约纳斯达克股市也首次在2012年的1月20日开盘时为中国龙年敲钟。在欧洲许多国家，春节也不再仅是华裔居民的节日。春节之际，伦敦的特拉法加广场、巴黎的凯旋门、柏林的勃兰登堡门、莫斯科的红场，都上演了热闹喜庆的舞龙、舞狮表演，人们不分国度和民族，都聚集在一起为一个崭新的农历年而欢庆。2012年1月，由中国文化部举办的宣传中国春节文化的"欢乐春节"活动在世界82个国家144个城市启动，这一规模创下了全球庆祝春节之最。最近几年，庆祝中国春节的国家越来越多，每当中国春节来临之际，整个世界都会洋溢着浓浓的节日气氛。

不仅春节，近来，更多中国文化的精髓都得到了世界各国的广泛认可。京剧，中国的"国粹"，1840年左右形成于北京，20世纪三四十年代在中国盛行，到如今，已是享誉世界。中餐，世界三大菜系之一，讲求色、香、味、意、形俱全，以煎、焖、煮、蒸、炒为特色，而今的中餐早已走出了国门，成为了畅销全球的食物。武术，中国的传统体育项目，以踢、打、摔、拿、跌、击、劈、刺为基本功，有少林、武当、峨眉、南拳四大派，已成为外国人眼中中国的象征性事物且风靡世界各国，而今中国武术的修习者已是遍布世界各地。“兵学圣典”《孙子兵法》——中国古代军事思想策略中的璀璨瑰宝，两千年前大战略家孙武的智慧结晶，以其精深巧妙的思维和严谨缜密的逻辑而著称于世。如今，《孙子兵法》不仅是中国人的财富，其思想策略已被广泛运用至商界、政界、经济界，成为了全世界的思想财富。

春节、京剧、中餐、武术、《孙子兵法》，中华文明的绚丽瑰宝，中华民族的生活智慧，早已成为世界共享的财富。随着中国国力的强大，中国文化的魅力也在不断地增加，它吸引着世界各地的人们来学习、来体验，中华文明强大的生命力和“和谐、包容”的大智慧也再一次彰显。文明繁盛，祖国荣昌，两者虽不相同却实则一体，国强则文明盛，国弱则文明衰。

中华文明，华夏民族与生俱来的胎记，是国家发展、社会稳定的保证；是中国于世界东方铸亿万年不倒之根基的根本；是中华民族生息繁衍、立于世界民族之林的前提；更是中国之为中国，中国人之为中国人的根本原因。

生生不息 源远流长
——民族精神的源流

只要黄河长江的水不断；中华民族，中华民族！千秋万世，直到永远！

——歌曲《中华民族》

华夏五千年历史，孕育了中华民族绚烂而多彩的传统文化，在世界文化宝库中散发着耀眼的光辉。民族精神作为灿烂的传统文化中的精髓，更是整个民族脊梁。中华民族精神宛如奔腾东流的长河，从上古时期的悠悠源头，到中古时期的发展与辉煌，再到近代社会的跌宕和涅槃重生，不断交融、丰富与升华，始终滋养着中华民族，凝聚着中华民族，激励着中华民族。薪火相传、代代相续，是我们整个民族团结奋斗、自强不息的强大精神支柱和动力。

生生不息五千年

祖述炎黄，薪火相传

中国是世界四大文明古国中，文明薪火唯一冉冉相续的国家。按照传统说法，从传说中的黄帝到现在，大约有四千多年的历史，通常叫做“上下五千年”。按照史学界的观点，一般也将夏朝（约公元前 21 世纪—

约公元前16世纪)作为中华文明的正式起点。五千年的风风雨雨在古老的中国大地上留下了太多的印记,随便在地图上圈出一个城市,便有千百年的历史。

行走在首都北京,我们可以触摸到的历史,便可上溯五百年。无论是紫禁城的琉璃瓦和红墙,还是幽藏在胡同深处的四合院,你都可以用指尖剥离出历史的沉淀。这沉淀混同过往的盛衰起落、悲欢离合,铭刻这座古城驶过的辙印。但五百年前的景致,则多成为考古人员的研究领域,就是当年元大都的蛛丝马迹,普通游客都再难以寻觅。当然,我们可以在博物馆中对着原始人的复原像,想象蛮荒时代的周口店北京猿人是经过怎样艰苦斗争才进化成为能够磨制骨针的山顶洞人;我们也可以踏着中华世纪坛的青铜历史甬道,浏览镌刻其上的7000多条重大历史事件而穿越时空,感受中华民族从孕育到启蒙、成长、发展的伟大历史过程。

这座上述先祖的世纪坛坐落在北京西长安街的延长线上,是为迎接21世纪新千年而兴建的。中华世纪坛回顾历史,展望未来,是中国人民献给全世界和21世纪的礼物,其建设的背后还有一段故事。

故事还要回到1993年9月23日,决定2000年奥运会举办权的日子。由于时差,国际奥委会主席萨马兰奇宣布最后一轮投票结果的时候,北京已是24日凌晨2时,但许多兴奋的中国人依然守在电视或收音机旁,希望见证这一历史性时刻。此前几轮投票,北京的得票一直处于榜首,国人都认为2000年奥运会的举办权将属于中国北京。但在萨马兰奇的嘴唇吐出“悉尼”一词的那一刻,所有的中国人由喜转悲,只有主席台上的何振梁先生依然是面带微笑,转过来对悉尼代表握手表示祝贺,而回到旅馆的他却号啕大哭。

万里之外的北京。时任北京市政协副主席的朱相远教授像许多人一样,从电视直播中得悉申办奥运未果。此前,他已答应一家媒体关于北京申奥的采访邀请。片刻,采访电话便打了过来,朱先生答复:“留得绿水青山在,何愁无处下金钩。”话虽如此,朱相远教授却再也无眠,他从内心觉得,需要一种激励国人的活动,来弥补申奥失败的伤痛,促使大家从挫折中走出,奋发向前。思前想后,他忽然意识到,2000年是21世纪的首年,而21世纪将成为中华民族全面复兴的百年。巧的是2000年为庚辰年,是龙年,这对自喻为“龙的传人”的炎黄子孙来说,更加意义非凡。于是,这个灵感与1999年共和国成立五十周年、12月20日澳门回归等共同构成了迎接千禧年的庆典设想。这个迎接新世纪、新千年的设想经过数年的完善、讨论和修改,终于促使“中华世纪坛”的诞生。

“坛”在《说文解字》中的解释为“祭场”,原来是指在平坦的地面上用土堆筑的高台。在我国古代,坛的主要功能是用于祭祀,所以,就有了“祭坛”的名称。中国人具有慎终追远的传统,筑坛或建宗祠来追述先祖、缅怀先贤、寻本溯源、以正其统,这成为传统中国人社会生活中一个重要的部分。时至今日,对同一宗源和文化的认同仍然凝结着十多亿中国人的情感,而且在海外形成了华人这一独特的种族身份,也成为华夏文明血脉沿袭至今的关键因素。一个长存于历史的民族不可能没有自己独特的民族精神和文化传统,而一个国家与民族的振兴,也必须发扬优秀的传统文化和民族精神。中华民族之所以能够经历数千年而不断繁荣兴盛,重要的原因就是我们一代又一代的先祖们不断创造和丰富了延续不断的符合历史发展趋势的核心价值体系,并以此为核心精炼和丰富着伟大的民族精神。

中华文明五千年的血脉沿袭和历史财产,要求我们对先祖们创造的灿烂文明要有强烈的认同感、自豪感,并有责任使其在新的时代发扬光大。“祖述尧舜,宪章文武”(《礼记·中庸》),我们的认同、自豪和责任首先应该来自于对五千年华夏文明的认识,并在其中感受延续不断的民族精神。何为“华夏”,这是一个需要站在历史长河中回顾的概念。“华夏”一词最早见于《尚书·周书·武成》:“华夏蛮貊,罔不率俾。”而孔颖达在《春秋左传正义·定公十年》疏:“中国有礼仪之大,故称夏;有服章之美,谓之华。华夏一也。”古人一般以服饰华彩之美为华,以疆界的广阔、文化繁荣和仪礼兴盛为夏,可见“华夏”一词本身即有文明的含义,是先民们从原始的混沌时代迎接文明曙光后点燃的烽火,而这把烽火在历史的进程中最终引燃照亮了世界的东方。

一般认为,中华文明的源头有三个,即黄河文明、长江文明与北方草原文明,而近现代考古学的发现也证明在二里头遗址所代表的夏代文化之前,存在着黄河流域的仰韶文化、龙山文化,长江流域的三星堆文化,辽河流域的红山文化等早期文明的雏形,这些都成为中华文明的广阔源流。

在传说中，炎帝和皇帝都被视为华夏民族的始祖。《国语·晋语》载："昔少典娶于有蟜氏，生黄帝、炎帝。黄帝以姬水(今陕西关中漆水河)成，炎帝以姜水(今陕西关中清姜河)成。成而异德，故黄帝为姬，炎帝为姜。二帝用师以相济也，异德之故也。"这是目前最早的关于炎帝和皇帝诞生地的记载。他们分别指中国原始社会中两位不同部落的首领，两个部落渐渐融合成华夏族，华夏族在汉朝以后称为汉人，唐朝以后又称为唐人，随着文明交流与民族融合而不断衍生出更为广泛的含义。

近代以来，在面对外国强敌侵略而面临亡国亡种的危机下，"炎黄子孙" 的概念成为以祖先崇拜为基本文化的中国人构建民族凝聚力的符号，逐渐被赋予新的内涵和意义。在中华民国时期，"中华民族之全体，均皆黄帝之子孙"，全体中国人皆为炎黄子孙已成为社会共识。"炎黄子孙"现在泛指中国人，涵盖 56 个民族以及散居于世界各地的华裔。至今，每逢伏羲、女娲或者黄帝、炎帝的祭祖大典，我们都可以看到从世界各地奔赴而来的"炎黄子孙"的身影。可见，历史上逐渐形成的对于共同祖先和历史情感认同和追述，作为中华民族社会生活和精神生活的重要特征，成为凝聚中华民族矗立数千年，历经风雨依然巍峨的根本原因。

革故鼎新，包容开放

中华民族五千年风雨跌宕的积淀和升华，形成了以爱国主义为核心的团结统一、爱好和平、勤劳勇敢、自强不息的民族精神。中华民族精神最显著的特征就是传承性和时代性的统一，其内核在先秦时期早已形成，但不同历史时期的具体内涵和表现形式又有显著的时代印记。

一个民族对待外来文化的态度本身就能体现这个民族的精神，华夏文明广阔的气度和胸怀使其能够不断地吸收改造其他文化来丰富自己，并对自己的民族精神的发展产生深刻影响。因此，中华民族一脉相承的民族精神总会以符合历史潮流的新形式出现，又会不断地吸收其他文明的先进成果，既保持了其独特的本质和魅力，又保持了其不竭的生命力。从历史的漫长轨迹来看，中华民族精神是包容、开放和常新的，常新需要开放，开放需要包容，而常新为中华民族的历史发展注入了永恒的动力。

悠悠古风，山高水长；列国争雄，百家争鸣。上古神话是中华文化的源头，是远古历史的记录，它真实地记录了中华民族在其童年时代顽强的斗争和丰富的想象，以及蹒跚的足迹。女娲补天、大禹治水、愚公移山、神农尝百草、精卫填海、夸父追日等神话传说，是先民们与恶劣的生存环境和自然灾害作斗争的神化写照。正是华夏文明萌芽初创时期所面临的严峻考验和经历的艰苦奋斗，孕育和培养了中华民族自强不息、刚健有为、积极向上的精神。这些神话传说蕴含并影响了中华民族精神的形成，是民族精神最朴素的原初体现。

《诗经》中的时代代表着一个中华文明朴素发展的时期，但紧接着是一个急剧变动、跌宕起伏、纵横捭阖的时代，也是中华文明蓬勃生长的历史阶段。春秋战国时期，旧制度、旧统治秩序被打破，新制度、新统治秩序逐步确立，新的阶级力量在壮大。这个时期活跃着老子、孔子、管仲、墨子、商鞅、孙子、孙膑、韩非子、荆轲、屈原等一大批思想家、政治家、教育家和名士，他们丰富多彩的思想和行为为中华民族精神的形成奠定了丰厚的基础。秦始皇统一六国，废除分封，行郡县，并采取书同文、车同轨、统一度量衡等措施，建立了一个统一的中央集权国家。伴随着国家的统一，中华民族精神的内核在这个时代初步形成。

大风一曲，势振山河；大唐气象，长安不夜。俗话说"强汉盛唐"，这两个朝代无疑是中华文明历史上最为强盛的时期。汉朝建立时国家历经战乱，百废待兴，却遇上了匈奴最强盛的时候——统一的游牧帝国形成。但汉朝正是在长时期的艰难窘境中得到历练。"文景之治"使社会经济取得很大的发展，在此基础上，汉武帝在政治上加强中央集权统治实现思想统一，在军事上发动数次远征消除隐患，并注重文化交流、融合，派张骞出使西域。汉初逆境中的奋发向上，为中华民族精神赋予了坚韧的内劲和生命力。

唐代在中国多民族国家的发展壮大中也居有重要的历史地位。中国社会经过魏、晋、南北朝的民族融合和文化整合，到隋朝重新实现了政治统一。但隋朝毕竟太短，中华民族新统一体的巩固和发展，文化的交流和繁盛，就成了唐王朝的历史任务。唐朝历时三百年，前期统一，国力强盛，疆域辽阔，高度的物质文明和高水平的文化使周边各族增强了向心力，于是国内各民族间的接触和交往空前发展，民族关系进一步密切。唐王朝崇高的国际地位和辉煌的经济文化成就，国内人民安居乐业，周边民族向心力增加，曾出现大量胡人改为唐人的现象；教育文化艺术空前繁荣，呈现百花齐放，先进文化广为传播，使亚洲各国乃至欧洲、非洲国家对之产生了由衷的欣羡之情，他们争相与唐朝交往，遂使中国成为亚洲诸国经济文化交流的桥梁和中心，在东西方交往中发挥了重要的作用。唐朝为中华民族精神注入了广阔的气度和胸怀。

浮华汴梁，金戈铁马；万里航程，落日余晖。在很多人的印象中，宋朝"积贫积弱"，但宋朝确是当时世界上经济和文化最发达的国家，还是当时最重要的海上贸易大国，南宋时海上贸易的税收曾经达到政府财政收入的一半。宋朝并不"抑商"，经济繁荣促使中国社会市民阶层产生，市民的审美趣味和生活情趣促成了宋朝的文化高度繁荣，曲艺、说书、小说都在宋代成型并高度发展，《东京梦华录》、《武林旧事》、《清明上河图》所反映的繁华让后人神往。商业的繁华带来了思想的活跃，词这一文学形式达到全盛。两宋时期的繁荣，极大地丰富了中华文明。

两宋的历史是与夏、金、辽、元等少数民族政权紧紧联系在一起的，在统一的多民族国家的历史格局形成过程中，魏、晋、南北朝、隋、唐、五代和辽、宋、夏、金、元是两个重要的历史阶段。千余年中，中国历史上的各少数民族与汉族一起，在历史这个大舞台上通过矛盾、斗争、交往、融合，各自为中华文明的发展壮大作出了自己的贡献。对儒家及其经典的尊崇与学习，在辽、金、西夏都成为政治、文化生活中的重要方面，同时，其民族文化都有相当程度的发展。另一方面，少数民族在生活、生产方式上的一些独有的优长与特点，亦随其政权疆域范围的扩展而影响及于汉族。这些都极大地丰富着中华文明的内容。

明、清是中国历史上重要的阶段之一，延续了中华民族的辉煌。明初，航海家郑和奉命七次下西洋，宣扬国威和扩展海外贸易。郑和下西洋时间之长、规模之大、范围之广都是空前的，也是后来的哥伦布等人的航海活动所无法企及的。它不仅在航海活动上达到了当时世界航海事业的顶峰，而且对发展中国与亚洲各国家政治、经济和文化上友好关系，作出了巨大的贡献。但是，郑和下西洋之后，封建制度的历史局限却使中央王朝开始故步自封，闭关锁国，虽然创造"康乾盛世"这样的繁盛局面，但是已经逐渐落后于从中世纪蒙昧中走出来的西方。

阅读材料

中华世纪坛

中华文化,源远流长;博大精深,卓越辉煌。信步三百米甬道,阅历五千年沧桑。社稷千秋,祖宗百世,几多荣辱沉浮,几度盛衰兴亡。圣贤典籍,浩如烟海;四大发明,寰球共享。缅怀漫漫岁月,凝聚缕缕遐想。

回首近代,百年三万六千日,饱尝民族苦难,历尽变革风霜。烽火硝烟,江山激昂。挽狂澜于既倒,撑大厦于断梁。春风又绿神州,华夏再沐朝阳。

登坛远望:前有古人,星光灿烂;后有来者,群英堂堂。看乾坤旋转:乾恒动,自强不息之精神;坤包容,厚德载物之气量。继往开来,浩浩荡荡。立民主,兴文明,求统一,图富强。中华民族伟大复兴,定将舒天朝晖,磅礴东方。

历史长廊中的中华民族精神是一条蜿蜒起伏的巨龙。高远的源头为中华民族精神赋予了崇高和伟大的内核,延续不断的历史是中华民族精神中拆不散的血脉,文明的辉煌和跌宕成就了中华民族精神的气度和坚韧,文化交流和民族融合使得中华民族精神包容与开放。在五千年的文明长河中,正是博大的气度和胸怀使中华文明这条奔腾东去的大河不断吸收、融合支流的营养,浩浩汤汤,荡气回转,滋润这片大地数千年,并丰富着世界文化的海洋。

需要强调的是,中华民族精神要素的形成,是一个长期的历史过程,它有一个逐渐积累、不断发展,最终形成并为人们所认识的过程。在中国古代,由于各民族之间存在着密切交往和内在联系,中华民族精神的基础和各种因素,实际上通过各种不同形式出现和存在。自19世纪中叶中国进入近代社会以来,中国的落伍以及世界资本主义列强对中国的侵略,促进了中国各民族的觉醒,各民族的国家意识、民族意识进一步增强,中华民族精神开始强烈表现出来,各民族爱国志士在民族精神的激励下,为了救亡图存,进行了不屈不挠的斗争,发扬并丰富着中华民族精神。

风雨砥砺一世纪

睁眼寰球，自立图强

中国革命军事博物馆里，展出了一只特殊的铁锚。这只铁锚来自于清政府北洋水师的镇远舰，鲜为人知的是，曾作为日本人战利品的镇远舰的另外一只铁锚在远隔重洋的日本。两支铁锚都沉重而斑驳，镌刻着一个时代的屈辱与沧桑，低沉地吟唱着甲午悲歌。

镇远舰是当时北洋水师的主力舰，其姊妹舰就是大名鼎鼎的定远舰，以两舰为核心的北洋水师被时人看做是第一次鸦片战争以来“师夷长技以自强”的最显著的象征。1894年，定远号作为北洋舰队旗舰，带领十多艘战舰参加9月17日与日本联合舰队在黄海上的决战。战事一直由中午持续至下午5时，期间定远、镇远一直坚持作战，是战斗的主力。其他舰只上的官兵也奋勇抗敌，可歌可泣：“超勇”起火沉没，管带（相当于舰长）黄建勋落水后，部下相救，他誓与舰同沉，不就而亡；“扬威”号军舰进水搁浅近岸海边，水兵纷纷跳水逃生，管带林履中愤然蹈海成仁；炮弹已经打光的“致远”号在管带邓世昌带领下撞击日“吉野”号，但不幸触鱼雷而沉；北洋舰队提督丁汝昌被“定远”号主炮的后坐力震落于指挥台下而负伤，但拒绝进舱避弹，坐在甲板上继续指挥战斗；镇远号主炮塔中弹，一个炮手的头骨当场被炸碎，血迹飞溅，但其余炮手毫无惊惧，将尸体搬开后继续射击……

虽然官兵誓死奋战，但黄海战役仍以北洋水师损失五艘战舰、日方五舰受重创而结束。黄海海战结束后，北洋水师退入威海卫不再轻出，丧失了制海权，最终在威海卫之战中全军覆没，为防止敌军俘获，管带刘步蟾下令炸毁定远号，本人后亦自杀，而镇远号触礁后被日军俘获。中国第一支近代海军就这样因为克扣经费、纪律松弛、战备落后等原因而覆灭了。但中华民族面对空前危机而自立图强的探索和奋斗精神并没有结束。

中国人在梦中被惊醒而救亡图存的探索是从鸦片战争开始的。当欧洲经历工业革命带来的生产力狂飙所达到的飞速进步时，中国的统治阶级和士大夫们还沉浸在“天朝上国”的迷梦中，顽固地坚持着“华夷之辨”

而自我封闭。虽然魏源、林则徐等人已经看到西方现代文明的曙光，但整个中国仍然细数着曾经的光辉而故步不前。1840年的炮声打碎了这一切，第一次鸦片战争中的惨败使中国的有识之士深刻感触到中西方之间的巨大差距，开始反思自我、认识世界。而被迫打开国门后中外的直接交流，也逐渐改变着传统的中国。

但这种忧患意识和图强行为并没有完全惊醒统治阶级，清政府在第二次鸦片战争中重蹈覆辙，“数千年未有之变局”的认识在统治者之中开始形成广泛的认识。于是，中国近代第一次自强图存的社会运动——洋务运动便开始了。我们不能否认洋务运动在中国现代化历程上的重要地位，但这种强调“中学为体，西学为用”的器物层面的改革最终不能摆脱思想、制度层面的束缚，在甲午战争中被击得粉碎，戊戌变法、清末新政也都相继失败。近代中国的自强图存运动被迫停止。历史呼唤新的变革力量来实现中华民族的自强。

近代中华民族是在无数的艰难、挑战和灾难中发奋而起的，无数仁人志士为民族自立自强而毕生心血，甚至献出生命。即使饱受争议的清末重臣李鸿章至死也不忘民族自强，他在遗折中写道：“窃念多难兴邦，殷忧启圣。伏读迭次谕旨，举行新政，力图自强。庆亲王等皆臣久经共事之人，此次复同患难，定能一心协力，翼赞讦谟，臣在九泉，庶无遗憾。”

从天朝上国变成“劣等民族”的迷茫与反思，从“东亚病夫”向少年中国的奋进和图强，从睁眼寰球向磅礴东方的巨变和涅槃，中华民族不屈的斗志和向上的意识照亮了昏暗岁月，铸就了复兴之路上的一座座里程碑，使全世界惊叹于这个文明古国顽强不息的生命力和创造力，这个民族伟大坚韧的民族精神。这段历程注定为世界文明史留下一段浩荡起伏的不朽传奇，写下非凡、隆重一笔。正如江泽民在党的十五大报告中所言：“中华民族，有它伟大的民族精神，这个民族精神博大精深，根深蒂固，是中华民族生命有机体里面不可分割的主要成分。中华民族在五千年的发展过程中，历经磨难而信念愈坚，饱尝艰辛而斗志更强。开发建设了祖国的大好河山，创造了灿烂的中华文明，为人类的文明进步作出了不可磨灭的贡献。”

穷则思变，千年新章

严复，这位被誉为“先进的中国人”之一的清末资产阶级启蒙思想家首先喊出了“民族救亡”的口号。纵观1840年以后的中国近代史，追求民族独立和解放成为最艰巨、最伟大的历史使命。

甲午战争之后，中国清朝政府迫于日本军国主义的军事压力，签订了丧权辱国的不平等条约——《马关条约》。它给中华民族带来空前严重的民族危机，大大加深了中国社会半殖民地化的程度，救亡图存成为真真切切的感受。北洋水师全军覆没，证明只靠经济上革新的洋务运动未能根本改变中国的落后。于是出现了要求从更基本层面，包括政治体制上进行变法维新的声音。

1895年4月，日本逼迫中国在日本马关签订《马关条约》的消息传到北京，康有为发动在北京应试的1300多名举人联名上书光绪皇帝，痛陈民族危亡的严峻形势，提出变法主张，史称“公车上书”。这次上书，轰动了全国，揭开了维新变法的序幕。康、梁为维新变法积极奔走，并说服了光绪皇帝支持变法。1898年6月11日，光绪皇帝颁布《明定国是诏》，宣布变法。新政措施虽未触及封建统治的基础，但这些措施代表了新兴资产阶级的利益，为封建顽固势力所不容。9月21日，慈禧太后突然将光绪皇帝囚禁于中南海瀛台，发布《训政诏书》，再次临朝亲政，“戊戌政变”失败。紧接着，清政府开始捕杀维新人士，“戊戌六君子”谭嗣同、杨锐、刘光第、林旭、杨深秀、康广仁惨遭杀害。变法维新仅仅持续103天就宣告失败，被称为“百日维新”，但维新人士所表现出来的忧国忧民的意识和至死不渝的气节彪炳千古，激励着后人为民族独立与解放而奋斗。

1900年中国因爆发义和团事件，导致八国联军入侵，朝廷内部顽固保守势力也受到严重打击，在改革势力的呼吁下，慈禧同意开始推行康、梁在戊戌变法中所提出的改革方案，是为清末新政。立宪运动是中国清朝政府继洋务运动和维新运动之后推动的第三次大型改革，目的在使大清帝国成为君主立宪政体的国家，但为时已晚。1911年5月，清政府废除军机处，实行内阁官制，但内阁成员名单中过半数为皇族与满族人，被讥嘲为“皇族内阁”。立宪派和舆论对此多感失望，甚至引起不满，认为清政府实无诚意推行宪政，逐渐同情、倾向革命。风雨飘零的清政府众叛亲离，遂于第二年在革命大潮中垮台，中华民国就此诞生。

中国近代社会两大主要矛盾（帝国主义和中华民族的矛盾、封建主义和人民大众的矛盾）的焦点都集中在清政府身上，只有推翻清朝的反动统治才能拯救民族。于是，从20世纪初开始，革命就成了不可阻挡的历史潮流。1905年8月，中国第一个资产阶级政党中国同盟会成立。在同盟会的领导下，资产阶级革命党人发动了一次又一次以推翻腐朽的清朝封建统治、建立资产阶级共和国为目的的武装起义。1906年12月，同盟会推动和领导了规模巨大的萍浏醴起义，之后同盟会又在西南边境地区发动了六次武装起义，均以失败告终。孙中山等人在失败面前不气馁，发动第十次武装起义——广州起义，但最终失败。起义失败后，广州革命志士潘达微收殓牺牲的革命党人遗骸72具，葬于广州郊外黄花岗，史称"黄花岗七十二烈士"，这次起义因而也称为黄花岗起义。在推翻清朝的斗争中，革命党人曾经先后发动十次武装起义，屡次失败，屡次重起，许多革命者为民族大义英勇就义，慷慨赴死，可歌可泣。

黄花岗起义失败后，革命党人决定把目标转向长江流域，准备在以武汉为中心的两湖地区发动一次新的武装起义。通过革命党人的努力，终于在1911年（农历辛亥年）10月10日成功地发动了具有划时代意义武昌起义。革命军占领武昌，在中国腹心地区打开一个缺口，成为对清王朝发动总攻击的突破口，并在全国燃起燎原烈火。武昌起义创建了湖北军政府，成为共和政权的雏形，并引发各省响应，不到两个月就诞生了中华民国，建立了以孙中山为首的南京临时政府，并建立起亚洲第一个民主共和国——中华民国，取得辛亥革命的重大胜利。

历史告诉我们，从林则徐、魏源等少数人睁眼看世界为起始，到洋务运动试图以封建统治秩序与西方技术相结合来实现自强，再到康、梁维新派试图以君主立宪来挽救清王朝的腐朽统治以及清政府，这些探索都失败了，这证明腐朽的封建专制制度已经燃尽了潜力，而成为中华民族前进的阻碍，再也不能承担推动历史进步的使命。直到孙中山提出"振兴中华"的口号，领导辛亥革命摧毁封建专制制度，才为中华民族的进步打开了真正的闸门。

皇帝倒了，龙旗倒了，辫子剪了——这是辛亥革命给国人最大的感受。但是，革命的不彻底性为其失败埋下了巨大隐患。袁世凯很快就窃夺了辛亥革命的果实。1912 年 4 月，孙中山将临时大总统之位让于袁世凯，这个初创的共和制度很快就面临着旧势力反动的危机：《临时约法》成为一纸空文，国会成为橡皮图章，实际权力都操纵在袁世凯和北洋军阀的手中。1913 年 3 月，力图恢复民国的国民党领袖宋教仁惨遭北洋军阀势力的策划暗杀，议会民主制度成了泡影。紧接着，袁世凯为换取日本对其称帝野心的支持，不顾亡国灭种而基本接受严重损害中国主权的“二十一条”，并上演了一场“称帝”的闹剧。

辛亥革命使得共和深入人心，袁世凯的倒行逆施受到举国反对。孙中山、梁启超等人坚决反对帝制，北洋将领段祺瑞、冯国璋等人也深为不满。1915 年，蔡锷、唐继尧等人在云南宣布起义，发动护国战争，讨伐袁世凯。1916 年 6 月 6 日，忧郁成疾的袁世凯，在众叛亲离的情况下带着 83 天皇帝梦而走向败亡，北洋政府也因失去核心人物而内斗不休，军阀混战连年不息。试图创造新共和国的辛亥革命最终以失败告终，中国依然处在帝国主义和封建主义的压迫下。孙中山先生领导的辛亥革命虽然为近代中华民族的救亡自强打开了历史新章，但国人发现，新的征程依然书写艰难：军阀混战、列强蚕食、政治腐败、社会凋敝、民生多艰。辛亥革命并没有完成民族独立和解放的历史使命，中华民族的仁人志士仍将在探索之路上奋发向前。

拯救民族于危亡之中需要一个先进的、符合历史潮流的领导力量，孙中山先生领导民族资产阶级虽然打开了中华民族进步的闸门，但在此时，汹涌变动的历史洪流开始呼唤一个强有力的引领者。苍苍神州，危于狂澜；茫茫华夏，谁砥中流？

继往开来九十载

巨人新生，日出东方

1921 年是一个不平常的年份。1 月，土耳其共和国宣告成立；5 月，孙中山在广州任中华民国非常大总统，再次举起护法旗帜；10 月，严复逝世；11 月，重新瓜分远东和太平洋地区殖民地和势力范围的“华盛顿会议”召开……

就在世界列强还在为一战后的利益划分而讨价还价，中国军阀混战连年，北洋政府腐朽统治，孙中山等革命者还在为民主共和而奋斗之时，谁也没有注意到1921年7月嘉兴南湖游船上，12位身份各异、口音不同却怀揣共同理想的中国共产党的先驱者代表全国50多名中国共产党党员正在召开第一次全国代表大会。

当中国共产党成立的时候，她还只是辛亥革命胜利，中国政党合法化以后成立的几百个政党之一，那时每天都有新的政党成立，又有旧的政党消亡。然而，谁也没有料到中国历史的又一个新阶段是从一艘渔船开始的。从1917年俄国十月革命的胜利到1921年中国共产党的成立，中国先知先觉的仁人志士在民族解放、国家富强的探索中把握了历史潮流和时代的先机，中国历史新的一页开始徐徐打开。

辛亥革命好像是推倒了中国社会的多米诺骨牌，然后清帝国地方权力的实际掌握者便一拥而起将已为空壳的末日帝国送进了历史坟场，共和制招牌在名义上挂到北京的城门上，中国历史上，代议制政府破天荒地第一次建立了。辛亥革命翻开了中国历史的新一页，但并没有根本解决中国的诸多问题，注定了其失败的命运。辛亥革命的失败使先进知识分子开始思考从思想和社会方面而不仅仅是制度和技术层面拯救中国，并认识到必须进行思想革命才能真正救国，历史的前进再一次到了关键的节点上。就在这个时候，从俄国传来了十月革命成功的消息，世界上第一个社会主义国家诞生了，中国的先进分子在反复比较中坚定地选择了马克思列宁主义。

1915年9月，陈独秀创办《新青年》，提倡科学与民主，批判传统的中国文化，并传播马克思主义思想，在中国满布阴霾的天空中，响起一声春雷，引发了一场崇尚科学、猛烈抨击几千年封建思想的文化启蒙运动——新文化运动。1919年"巴黎和会"上的外交失败进一步刺激了国人，使运动从思想启蒙走向革命实践，成为五四运动的导火索。五四运动是中国革命史上划时代的事件，是中国旧民主主义革命到新民主主义革命的转折点。五四运动促进了马克思主义在中国的传播及其与工人运动相结合，从而在思想上和队伍上为中国共产党的建立准备了条件。五四运动以后，社会改造尝试不但成为历史的主调，而且由此生发出的各种变革理念也深刻地支配着中国人的探索和实践，革命这一观念在当时的中国社会取得了价值上的绝对主导地位和合法性。

鲁迅先生曾经说过："中国太难改变了，即使搬动一张桌子，改装一个火炉，几乎也要血；而且即使有了血，也未必一定能搬动。"新生的中国共产党面对着要改变中国、完成反帝反封建的艰巨任务。中国共产党诞生后，率先提出反帝反封建的革命纲领，开始领导和组织工人运动，并成功掀起了第一个工人运动的高潮，扩大了共产党在全国的政治影响，国共两党也开始广泛合作。但国民党右派的叛变使轰轰烈烈的大革命惨遭失败，残酷的现实给年轻的中国共产党上了残酷、真实的一课，毛泽东意味深长地总结教训："枪杆子里面出政权。"大革命失败后，中国共产党开始独立探索拯救中国的道路。

经过艰苦探索，中国共产党逐步走出一条农村包围城市，武装夺取政权的革命新道路，实现民族独立与解放的中国革命走上了快车道。1927 年 8 月 1 日，南昌起义爆发，打响了武装革命的第一枪；随后，中共中央确定了实行土地革命和武装起义的方针，确立党对军队的绝对领导，在井冈山创建第一个农村革命根据地。随着革命根据地的不断扩展和革命队伍的不断壮大，成立了中华苏维埃共和国临时中央政府。

1937 年 7 月 7 日，抗日战争全面爆发，在民族大义面前，中国共产党提出建立抗日民族统一战线，成为抗战的重要力量。抗战胜利后，国民党政权腐败，并破坏和平建国的主张，导致了自身的溃败；而赢得了民心的中国共产党获得了全面胜利。光辉的成就与艰苦的奋斗是分不开的，自 1921 年建党至新中国成立，中国共产党总计约牺牲 350 万人，而1949 年新中国成立时，中国共产党党员人数却为 449 万。为了实现中华民族的独立和解放，中国共产党付出了巨大的牺牲和血的代价。

1949 年 10 月 1 日，中华人民共和国中央人民政府宣告成立，同时也宣告完成了自 1840 年以来中国人民面对的最重要的任务：实现民族独立和人民解放，从而为实现第二大历史任务——国家繁荣富强和人民共同富裕扫清了障碍，创造了必要的历史条件。中国历史由此开辟了一个新纪元，巨人获得了新生，中国人民从此站起来了！

当新生的人民政权迅速稳定全国局势，开展各项建设，自信地参加国际会议，并在朝鲜战场上迫使以美国为首的联合国军签订停战协议时，谁都明白，这个古老的东方民族以其顽强的毅力和勇敢的精神又重新挺立起来了。

改革创新，磅礴东方

2009年10月1日，中华人民共和国六十华诞。六十年前的今天，毛泽东主席站在天安门城楼上宣布了新中国的成立，并检阅了中国人民解放军。六十年后，这支打响南昌起义，从井冈山走出来的军队以全新的风采接受党和人民的检阅，变的是各种现代化的装备，不变的是党领导下人民军队的本色。

这支军队在这个特殊的日子，以昂扬的风貌、雄壮的阵容、磅礴的气势和过硬的素质，光荣地接受了党和人民的庄严检阅，集中展示了中国捍卫国家安全和发展利益以及维护世界和平的坚定决心，精彩出色地向全国和全世界展示了新中国成立以来特别是改革开放以来中国国防和军队现代化建设的伟大成就，极大地振奋了民族精神、激发了爱国热情，更加坚定了全国各族人民建设中国特色社会主义的信心和意志。

回顾历史，这支军队在中国共产党领导下艰苦奋斗，是取得新民主主义革命胜利的重要保障，也在新中国成立后为捍卫国家安全和世界和平作出重大贡献的军队，还是灾难之时人民群众赖以依靠的“子弟兵”。从甲午海战中北洋水师的全军覆灭到今天人民海军驰骋大洋，肩负维和、打击海盗等国际义务，我们就能深切地感受到，在中国共产党的领导下，中华民族在复兴之路上的伟大征程。

新生的共和国仅用了半年时间就使全国物价基本稳定，农村则继续实行土地制度的改革，先后共使3亿多农民无偿获得了约7亿亩的土地，而第一个“五年计划”与社会主义改造也相继展开。但是，建设社会主义的探索之路并不是一帆风顺的，而是经历了近20年的挫折。

经历了长期的曲折探索，新中国在各方面都取得了一定的成就，为以后的发展奠定了一定的基础。但是，因为体制等各方面的原因，及至70年代末，中国经济与世界的差距在日益拉大，人民物质文化生活水平难以提高。什么是社会主义？应该怎样建设社会主义？严峻的现实和美好的理想需要所有中国人对这个重要命题作出回答。在这样一个历史关头，邓小平带领中国人民开辟了改革开放的新道路，实现了伟大的历史转折。

人心所向，正在汇成一股推动历史前进的力量，一场关于真理标准的大讨论就此在全社会展开。1978年11月，中央工作会议召开，邓小平作了一个主题发言，即为“解放思想、实事求是，团结一致向前看”的讲话，这成为随后召开的十一届三中全会的主题报告，催生了人们的信心和希望，一场奋力图新的社会变革，如春潮般涌动，探索一条属于中国自己的道路，开启了新的历史进程。

1992年，这位88岁高龄的老人在改革开放的窗口——深圳，再次强调了中国的改革道路，迎来了改革开放的又一个春天。他不仅留下了宝贵的邓小平理论，而且留下了宝贵的邓小平精神。后人评述，在中华民族伟大复兴的征途上推翻封建帝制的孙中山，为中国打开了思想进步的闸门；领导中国人民建立起新中国的毛泽东，让中国人民从此站了起来；而作为改革开放总设计师的邓小平，为中国找到了一条使国家强盛、人民富裕的道路。从这一时期开始，中国的经济呈现高速增长。

十六大以来，以胡锦涛同志为总书记的新一届中央领导集体从以江泽民为核心的中央领导集体中接过建设中国特色社会主义和民族复兴的重任，继续探索。十六大不仅总结概括了建设中国特色社会主义的基本经验，而且确立了全面建设小康社会的奋斗目标。在新世纪的晨光中，人们看到中华民族燃烧了整整一个世纪的复兴之梦更加辉煌灿烂。

创造辉煌必然而且必须接受考验。1998年特大洪水、2003年春天的非典、2008年的汶川地震、2009年暴风雪、2010年玉树地震……面对这些灾难，中国人民在党和政府的领导下发扬民族精神，像以前应对唐山地震、攻克“两弹一星”一样，渡过了一个又一个难关。

风雨过后见彩虹。克服一个个困难之后，迎来的是一份份喜悦的收获。1997年香港回归；2001年中国加入WTO；2003年10月15日北京时间9点整，中国航天员杨利伟承载着一个民族的飞天梦想，遨游太空；2008年中国成功举办奥运会；2009年中国应对金融危机而投资4万亿人民币救市；2010年中国GDP超过日本成为世界第二大经济体，成为世界上最具有发展潜力的经济大国之一……

经过新中国成立60年和改革开放30多年的努力，在中国共产党的领导下，中华民族的伟大复兴站在了新的历史起点上，坚定地朝着一个富强、民主、文明、和谐的现代化国家迈进。中国共产党作为中华民族精神的继承者、弘扬者和培育者，在领导全国各族人民进行革命、建设和改革的实践中，为民族复兴、国家富强、人民幸福，进行了艰苦卓绝的奋斗，吸收了民族精神的精华，形成了自己优良的传统，为中华民族精神贡献了井冈山精神、长征精神、延安精神、抗战精神、大庆精神、“两弹一星”精神、抗洪精神、载人航天精神、抗击非典精神、抗震救灾精神、北京奥运精神等一系列宝贵财富。这些精神集中反映了中国人民在中国共产党的领导下一往无前、勇于开拓、奋发图强的精神面貌，也为世界展示出中华民族自强不息、爱好和平、勤劳勇敢的特点。这使得中华民族精神在民族复兴的道路上得到前所未有的发扬光大，进入一个崭新的发展阶段。

华夏五千年历史，孕育了中华民族绚烂而多彩的传统文化，它不仅在世界文化宝库中散发着耀眼的光辉，更是中华民族生生不息、团结奋进的不竭动力。在推动社会主义文化大发展大繁荣的今天，弘扬中华文化，建设中华民族共有的精神家园无疑成为我们必须思考的重要问题。在中国共产党的领导下，全体中华儿女正在努力弘扬中华文化，建设中华民族共有的精神家园。

费孝通先生认为，中华民族作为一个自觉的民族实体，是近百年来中国和西方列强对抗出现的，但作为一个自在的民族实体，则是在几千年的历史过程中形成的。正是近代以来中华文明遭遇了数千年以来未有的挑战，中国经历着数千年未有之变局，中华民族遭遇了数千年未有之耻辱，中华民族才开始作为一个整体意识到其现实存在的艰难、意义和价值。从此，中华民族近现代意义上的民族意识开始觉醒，中华民族逐步从一个“自在”的民族发展成为一个“自觉”的民族。但中华民族复兴的使命还没有最终完成，中国特色的社会主义道路还需探索，而且祖国统一的愿望也还没有实现。

但是，无论过去、现在和将来，以爱国主义为核心的民族精神都是一种强大的凝结力量。在当代中国，民族精神召唤着中华儿女团结一心、和衷共济，在中国共产党的领导下，为献身中国特色社会主义伟大事业和祖国统一而奋斗，为实现中华民族的伟大复兴而努力！

国之根本 民族之魂
——民族精神的内涵

惟有民魂是值得宝贵的，惟有它发扬起来，中国人才有真进步。

——鲁迅

长白山雪峰清冷彻骨，黄河水夹泥沙在指间滑落，江南水田新生的禾草，岭南荔枝花悄然绽开。冬去春来，亘古绵延的风裹挟着中华大地如仁慈的母亲怜爱安抚襁褓中的婴儿，不骄不躁。生长在这片热土上的一代代中国人用勤劳创建家园，用睿智描绘生活，用坚毅传承文明，不离不弃，最终形成了团结统一的民族血脉、爱好和平的民族情怀、勤劳勇敢的民族性格、自强不息的民族追求。中华民族之河于浩瀚天地之间悬练如银，缱绻蜿蜒。举世公认的文明古老而现代，底蕴深厚；举世无双的传承波折地流淌，绵延不绝。

团结统一的民族血脉

祖国统一，人心所向

葬我于高山之上兮
望我大陆

大陆不可见兮

只有痛哭

葬我于高山之上兮

望我故乡

故乡不可见兮

永不能忘

天苍苍　野茫茫

山之上　国有殇

——于右任

海峡两岸为一家，身在台湾，心在大陆。先生之望，念及魂魄，死后魂魄也要去望的祖国啊，活着时候当然无时不念，这是一份多么执著的苦恋！唯有寄托于后人神游大陆，见那滚滚东逝的长江，绵延不倒的长城。

垂垂老矣，叶落归根，故乡的亲人近在咫尺却不得相见，望见故乡，欲归不能，欲罢不能。故乡不可见兮，甚是遗憾！

1964年，渴望落叶归根终未能如愿的于右任先生于台北谢世。他曾在日记中写道："我百年之后，愿葬玉山或阿里山树木多的高处，山要高者，树要大者，可以时时望大陆，我之故乡是中国大陆。"他眷恋大陆家乡所写的哀歌，怀乡思国之情溢于言表，声声切，字字悲，堪称是一首炎黄子孙灵魂深处隐痛的绝唱。

"三间老屋一古槐，落落乾坤大布衣"的先生携着满腔念故土、终未还的失望与遗憾离开，留给后人的是惋惜，是奋进，更是一代又一代领导人那执著的祖国统一之信念和切实的统一之行动。

统一，是每一个中华儿女内心最热切的渴盼，最浓烈的情愫。天下太平，国泰民安，是生活在这片土地上的人民最真挚的愿景。那些兵荒马乱的岁月耗尽了几代人宝贵的青春，在他们童稚的脸庞薄情地刻下皱纹。中华儿女五千年没有说破，却猜得透火山的缄默，晴天里一个霹雳，"咱们的中国"。

早有文字性质的龟骨契刻符号的史前时代，伏羲创造八卦，仓颉创造文字的历史传说；盘古开天辟地，于黄河流域形成华夏文明的启蒙时代，三皇五帝之治天下，禅让的贤士之风结束之后，第一个世袭王朝——夏的产生；拥有历法、青铜器以及成熟文字甲骨文的先秦时代，周朝宗法制度已经确立，政权机构也比较完善；学术思想自由、百家争鸣的春秋时代，产生了中华文化的源头。

自公元前221年，秦始皇横扫六国，统一天下，华夏文明进入第一个统一的、多民族封建制帝国时代，纵使“天下合久必分，分久必合”，纵使三国鼎立，群雄并起，纵使烽烟四起，偏安一隅，雄视一方，枭雄末路，也总有开天辟地的秦，气吞宇内的汉，盛世华章的唐，蓬勃发展的宋，铁骑狂飙的元，还有那光辉岁月的明王朝和虽是帝国斜阳却也有雄才大略和文治武功的大清。古代史上多次统一和分裂，统一时间占绝对多数，分裂却是短暂的。烽烟四起的年代，人民生活痛苦，生产遭到破坏，人民热切期盼统一，祖国统一是大势所趋。加之自古帝王英才实行政治改革，发展生产，励精图治，强盛国力，奠定了统一的条件和维护国家统一的制度法令。如此便从人民的内心和治世的现行制度上，内外兼修，国家统一便有着举世无双的倾向性和稳定性。

民族团结，荣辱与共

中国自古就是一个统一的多民族国家，恰是因为多民族，中华大家庭才有着多元生机的文化、百花齐放的异彩和源源不息的底蕴。

“南夷与北夷交，中国不绝如线”（《公羊传》僖公四年）。春秋时期中国分裂，四周夷狄伺机强大，交侵华夏，中原诸国受威胁甚至为其所灭。战国时期七雄并立，开疆拓土，置郡县，筑长城。战国后期七国范围东北至鸭绿江，西抵达洮河流域，北至蒙古，南至浙江、贵州和四川。秦皇汉武时期王朝统一，经济发达，国力强盛，为巩固农耕区统治范围，防遭北方匈奴人的侵犯，多次出兵，致其远遁。开疆拓土与新的民族融合，当地游牧民族汉化，农耕区逐渐扩大，象征着农耕文明相比游牧之优越，四方归汉。历史上形成由汉、匈奴、羌、百越、西南夷共同组成的多民族统一国家。

“胡越一家，自古未之有也”（《旧唐书·高祖纪》）。“自古皆贵中华贱夷狄，朕独爱之如一”（《通鉴》贞观二十一年）。政治上对少数民族一视同仁，朝廷里不乏蕃将，“习胡服求便利”成为服饰变化的总体倾向，增强了胡人对华夏民族的归依心理。对新辟的原少数民族聚居疆土采取羁縻府州制度，加强了民族的团结，促进了民族的合作，中华民族的阵营大大扩展,文化上更是无汉胡之分。唐代“长安胡化盛极一时”,洛阳城内“家家学胡乐”(王建《凉州行》)。其他生活习俗如家具、服饰、食品、音乐艺术等方面,更表现汉胡融合的特色。唐太宗成为当时天下的共主,少数民族首领对唐太宗尊称为“天可汗”。

“自从澶州盟,南北结欢娱。虽云免战斗,两地供赋租。将吏戒生事,庙堂为远图。身居界河上,不敢界河渔。”(欧阳修《边户》)描绘了一幅自公元 1004 年,辽宋签订“澶渊之盟”后,边界居民为防御契丹人的骚扰,妇女儿童都练习骑马射箭的图景,战争暂时避免却不能解除边界居民的苦难,同时向南北两个政权缴纳租赋,又不敢在界河中撒网捕鱼。两宋时期前后 300 年,中国出现大分裂,汉、契丹、女真、回鹘、党项、白蛮、吐蕃等族建立政权。疆土交错、纷呈复杂。隋唐时期已有的政治经济交流,使周边少数民族加强了民族意识和政权意识。晚唐之后,中国政治分裂,社会动荡,但整个中国的民族融合并未停止,辽、金、西夏、大理等政权的政治体制吸取汉族政权统治经验。同时,西夏也积极向北宋学习中原的先进文化,西夏学习北宋建立太学,将诗经等经典翻译成西夏文字,以此来吸收中原先进文化,中原地区实际上是一个以汉族为中心的民族大熔炉。成熟的汉文化与边区民族政治、文化相互交融,为新的统一帝国奠定了基础。

1644 年清军攻下北京,中华帝国疆域重组后形成的清帝国。18 世纪中期形成的清代疆域是秦汉以来中华各民族数千年长期交往融合的结果,以狩猎为主的女真区、以畜牧为主的蒙古区和以农耕为主的明朝区融合,收复台湾,统一西北边疆,抵制沙俄扩张,奠定了中国的版图。

一百多年以前,清朝日渐衰败,地处边陲的新疆首先遭受到了国力衰弱带来的苦难,中亚小国浩罕再三侵扰新疆。1865 年,浩罕匪徒阿古柏入侵新疆南部,利用农民起义后各个割据政权互相攻伐的机会,采取各种卑鄙手段侵占了整个南疆;1871 年又侵入北疆。大敌当前,引起了各族人民的惊恐和愤怒,也引起了大家的思考。在新疆各族人民的共同努力下,形成了团结御侮、共赴国难、一致抗战、驱逐顽敌的局面。

北疆的汉民不得不避居在远离城镇的郊外,如乌鲁木齐南山就有徐学功为首的民团武装,实行自保、自耕、自食。乌鲁木齐的回民不甘受辱于外敌的欺凌,前往南郊迎接徐学功下山,一举消灭了被阿古柏扶植的伪“阿奇木”马仲。原先占取乌鲁木齐为王(“哈里发”)的妥明阿訇在自己的“王城”恢复了统治。马仲之子马人得见徐学功撤兵返回南山,就开始勾结南疆的侵略军围攻妥明的“王城”。阿古柏匪军再次侵占乌鲁木齐,大肆杀戮。在请求徐学功支援的同时,伊犁的维吾尔族人民也在寻找机会,共同抵抗入侵的沙俄军队。此前,伊犁各族人民在反抗沙俄的入侵中,作出了英勇的搏斗和牺牲,终因不敌俄国装备精良的正规军而失败。然而,中国人民从来没有屈服过。1871 年,清朝政府命令滞留在乌里雅苏台(今蒙古国境内)的伊犁将军荣全前往塔城,与俄国交涉接收伊犁的事宜。俄不同意,荣全只得驻扎下来。1876 年夏季,陕甘总督左宗棠指挥的收复新疆之战开始了。清军如同风卷残叶似的将阿古柏匪徒赶回浩罕。

悠悠五千载,奠定今天中国疆域规模的是多个民族,也是生活在这块土地上的所有民族共同缔造了华夏版图。每一个民族在中国历史上建立的政权都是历史上中国的一个政权,每一个民族活动的范围都是历史上中国领土的一部分。中国历史长河,因多民族而丰富,因多民族而生生不息,因多民族而愈发积淀。生活在这片土地上的人们热爱家园,勤劳勇敢,团结友爱,共筑华夏文明。

当日本军国主义的大刀残酷地架在中国人民的脖颈上,在黑暗中挣扎的中国人团结起来,就连那些曾经倒下过、沉沦过的汉子们也立了起来,紧紧铸成钢铁般的长城,打破黎明前的死寂,冲向未来决定命运的时刻。

不再是一潭死水!不再是一腔苦闷!中国人,凝聚所有能爆发的力量扛旗、挥剑,用团结的力量和不屈的意志为民族独立而拼搏!

大敌当前,中国共产党以民族利益为重,毅然捐弃前嫌,倡导和推动第二次国共合作,建立抗日民族统一战线,为抗日战争的胜利奠定了坚实的政治基础。

1935 年 12 月,中共中央在瓦窑堡召开政治局扩大会议,从理论和政策上正式确立了中国共产党关于建立抗日民族统一战线策略的总路线,提出“党的任务就是把红军的活动和全国的工人、农民、学生、城市小资产阶级、民族资产阶级的一切活动汇合起来,成立一个统一的民族革命战线”。

在中国共产党的倡导和推动下,1937 年 9 月22 日,国民党中央通讯社发表《中共中央为公布国共合作宣言》。23 日,蒋介石发表讲话,实际上承认共产党的合法地位，至此，抗日民族统一战线正式形成，第二次国共合作开始。

抗日民族统一战线采取“发展进步势力，争取中间势力，孤立顽固势力”的方针策略。秉承求同存异，独立又统一，联合又斗争的原则。可以说，中国抗日战争取得完全胜利的关键，在于形成并基本坚持了以国共合作为主要内容的抗日民族统一战线。

在敌后抗日战场上，活跃着许多少数民族抗日游击队伍，他们中有回族、满族、朝鲜族、蒙古族、黎族、苗族、壮族、瑶族等各族同胞。这些队伍和八路军新四军一样，在中国共产党的领导下，洒热血于抗日搏斗的战场。马本斋所领导的八路军冀中回民支队，就是全国影响较大的少数民族抗日队伍之一。

1937年9月，日军开始侵犯马本斋家乡河北献县东辛庄，肆意烧杀抢掠。在这危难时刻，马本斋组织了一支六七十人的回民抗日义勇队。马本斋率部在定县、无极、藁城、新乐一带开辟抗日根据地。1939年8月，中共中央军事委员会将回民教导总队改称为冀中回民支队，马本斋任司令员。随后，回民支队开始在深南开展游击战争，曾采用围点打援的战法，取得了衡水康庄战斗的重大胜利，受到了冀中军区的嘉奖。

从1940年冬开始，回民支队转战至深泽、徐水、无极、藁城、河间、献县等地，英勇顽强地打击日军。冀中回民支队在抗日战争中沉重打击了日本侵略军的嚣张气焰，大大提高了广大人民群众抗日的信心，为夺取抗日战争的胜利立下了不可磨灭的功绩。冀中回族人民和其他少数民族一样，通过抗日战争的斗争锻炼，更加强了同汉族人民的团结，增强了中华民族抵御外来侵略的凝聚力。这种全民族的团结，是抗日战争能够坚持并取得完全胜利的基本保证之一。

自古至今，每当国家民族危难之际，中华儿女终会凝聚一心，众志成城。那水深火热的裂痛，血雨腥风的战场，铁骨铮铮的脊梁，总能在关键时刻共同撑起民族的希望。

没有比生活更古老的过去，也没有比生活更高远的未来。战乱、分裂或许能暂时迷蒙人民的双眼，阻挡其脚步，然而，生活给予人类无穷奋进、寻找希望的力量，不灭亦不休。无论这片土地上的人民经受多少波折、困苦与残酷，人们对天下统一、美好生活的追寻，亘古如新。

爱好和平的民族情怀

止戈为武,以和为贵

“九曲黄河万里沙,浪淘风簸自天涯。”(刘禹锡《浪淘沙·九曲黄河万里沙》)黄河以其源远流长、奔涌咆哮的磅礴气势吸引无数仁人志士驻足为其吟诗颂词、谱曲歌唱。她孕育了光辉灿烂的华夏文明,哺育了一代又一代炎黄子孙,是中华民族的摇篮。她培育的“团结、务实、开拓、奉献、和平”的精神注入我们灵魂,在我们祖祖辈辈的血液里汩汩流淌。

“和”,是中华民族精神中最为稳定和最具定力的特质。自古以来,和平、正义是两面催人奋进的旗帜,指引中国人民向前。西周末年史伯提出“和实生物,同则不继”,不同事物相生相克,相生相合。“与天地合其德”(《易传·文言》),为实现人际和谐相配合,孔子提出“仁”,成为中华民族道德精神的象征。在解决现实问题过程中,孔子主张“德治”和“礼治”,“礼之用,和为贵”,施行王道,实行仁政,反对以力相争的“霸道”。老子的“道”中包含着和平的因素,认为“人法地,地法天,天法道,道法自然”(《道德经》)才是社会最和谐状态。墨子主张“兼爱”、“非攻”,为阻止“众暴寡”的战争竭尽全力。先秦诸子中的“贵和”思想是中华民族精神的重要底蕴之一,对和谐统一、和平无争的民族价值观产生了深远的影响。

纵观历史长河,民族的团结,祖国的统一,从来都是不容半点怀疑的选择。西汉时期,为了减少战争,让老百姓得到休养生息的机会,过上安居乐业的日子,汉高祖刘邦开创了以和亲的方式来安定西域可汗,化干戈为玉帛。唐高宗时期,文成公主远嫁吐蕃,也是用同样的手段来维护国家安宁,防止民族之间的屠杀流血,弥合民族矛盾。以和亲换和平,历史上不乏其例。当然,也有以武力换和平的方式,历代帝王都不惜以国家的财力维护自己的统治,维护封建中央集权,与一切来犯之敌相抗衡,希望自己的皇权永固。翻开中国历史的长卷,我们定能发现,中华民族,从来就是爱好和平、乐善好施、珍视友谊、彬彬有礼、礼尚往来的民族,只有在面对外来民族入侵时,才迫不得已动用武力抵抗,保卫和平,从来不主动挑起战争。

和平共处,协和万邦

“越在外服,侯甸男卫邦伯。”(《尚书·酒诰》)在古代中国的畿服制度中,中国中原王朝君主是内外同服的共主。君主在王国中心地区(内服)设立行政机构,进行直接管理。周朝取代商朝之后,进一步发展出五服、六服和九服的概念。“九州之外,谓之蕃国”(《周礼·秋官·大行人》),又确立了“普天之下莫非王土”(《诗经·小雅》)的世界共主思想,将这一制度系统化和理想化,试图作为已知世界的准则。

公元前221年秦统一六国之后,建立了严格意义上的中央集权制帝国。汉武帝击败匈奴,开通西域之后,以中国中原王朝为中心的朝贡体系正式得以确立。中原政权和其他诸国以“册封”关系为主——各外国需要主动承认中原政权的共主地位,并凭借中央政权的册封取得统治的合法性。中央政权对各地方政权往往直接封为“王”。各受封国对中原政权按照不同的要求负有进贡和提供军队等义务。

“八王之乱”以后,中原王朝崩溃,北方游牧民族大量进入华夏民族的中枢地带,原有的册封体系随之崩溃,隋朝重新统一之后,朝贡体系方得恢复。随着唐朝的崩溃,五代十国和宋、金、元等王朝相继而起,整个朝贡体系再次陷入混乱之中。中原政权采取羁縻政策取代原有的册封制度,唐太宗时开始,更普遍封赐各内属的地方首领官职,设立羁縻州、县,以体现“华裔一家”的思想。如渤海被封为“忽汗州大都督”、疏勒被封为“疏勒都督”等。

1371年,明太祖朱元璋明确规定安南、占城、高丽、暹罗、琉球、苏门答腊、爪哇等以及其他西洋、南洋等国为“不征之国”,实际上确立了中国的实际控制范围,并确定了“厚往薄来”的朝贡原则,使朝贡体系成为东方世界的通行国际关系体制。在这个体制中,中国中原政权成为一元的中心,各朝贡国承认这一中心地位。东亚朝贡体系成为近代以前独立存在于东亚的世界体系。

1405年7月11日(成祖明永乐三年),明成祖命郑和率领由240多条海船、27400名船员组成的庞大船队远航,访问了30多个在西太平洋和印度洋的国家和地区,加深了中国同东南亚、东非的友好关系。郑和前后共远航7次之多,最远曾到达非洲东岸。他敢为天下先的精神和科技创新精神对现代船舶制造有着深远的影响，提醒国家政府对航海事业的重视，促进了世界各国之间的往来，传播了文化文明，促进了各国经济的发展，以及国际社会和平秩序的建立。

郑和远航所致力于宣扬和推广的，主要是中华帝国长期构建的“华夷秩序”这一古代国际关系体系。大明帝国在内部构建强化封建专制的中央集权的同时，也致力于这一体系的外延及华夷秩序的维系和强化。郑和的远航与西方新航路开辟有着类似的形式，却没有像西方新航路开辟那样，为了帝国财富梦而开始了资本掠夺和积累。这与中华帝国自古以来“以和为贵”的理念相关。郑和所到的东南亚一些国家至今仍在纪念郑和，郑和下西洋成为一个象征符号，它所体现的中国睦邻友好、和平交往的理念与实践，为人类和谐相处提供了宝贵的历史经验，也与当今世界和平与发展的时代主题相吻合。

总体来说，中国古代对外关系在一定程度上是儒家天下理论塑造下的产物，以“仁”与“礼”的互补为特征的德化主义。与西方殖民体系相比，朝贡体系虽然也表现出不平等的“中心—边缘”式的结构特点，然而其本质却有根本的不同，相比较西方殖民体系中的掠夺与被掠夺关系表现出极强的侵占欲，以掠夺殖民地财富、资源与劳动力为目的的肆意侵犯，朝贡体系更多是宣传一种“和平”的理念和“天下平”的观念。

到了近代，自古就热爱和平的中华民族以更大的热情争取和平、维护和平。二战后，原先被殖民的亚非国家纷纷取得独立，普遍要求加深了解。1955 年 4 月，亚非国家领导人会议在印尼万隆召开。其间，面对帝国主义的破坏，周恩来总理在补充发言时提出：“中国代表团是为了求团结而不是来吵架的，是为了求同而不是立异的”，“亚非各国之间存在求同基础，这就是亚非绝大多数国家和人民曾经受的并且正在忍受着殖民主义造成的灾难和痛苦，在这里找共同基础，我们就很容易了解和尊重，互相同情和支持，而不是互相怀疑和恐惧，互相排斥和对立”。在中国等大多数国家努力下，挫败了帝国主义国家的阴谋，最终达成共识，支持中印两国总理宣布并得到其他许多国家支持的和平共处五项基本原则，即互相尊重主权和领土完整、互不侵犯、互不干涉内政、平等互利、和平共处。这五项基本原则构成了各国互相了解和和平共处的坚实基础，为越来越多的国家所推崇。

当今世界正处于大调整、大变革的时期，以胡锦涛同志为总书记的中央领导集体，提出和谐世界的理念，明确了与各国人民携手努力，推动建立持久和平、共同繁荣的和谐世界的长远目标。这一理念和目标的提出，从根本上回应了国际社会对中国今后走向的普遍关切，从根本上回击了形形色色的"中国威胁论"，回答了人类希望有一个怎样的世界，以及怎样构筑这样的世界这一国际社会所共同面对的重大命题。构建和谐世界是针对当前不和谐的世界发出的真诚而正当的呼声，是构建社会主义和谐社会在国际上的延伸，是中国传统文化精髓"和合"思想基础上中国外交的价值回归，是中国和平国际主义的再一次宣示，是对"新安全观"的继承与发展，是崛起的中国重塑国际新秩序的世界责任。

勤劳勇敢的民族性格

韦编三绝，天道酬勤

勤劳勇敢、自强不息是中华民族与生俱来的传统性格，无论是志士不忘沟壑的勇气还是君子励精图治的态度，都构成了中华民族刚毅的品格和积极进取的人生态度。在中华民族的意识中，勤劳勇敢不仅是陶冶性情、磨砺人格的重要环节，而且是立身、齐家、治国的根本。

我们所说的勤劳，首先是指劳动人民的勤劳，也包括从事科学、技术、文学、艺术以及各种有益事业、有益活动的知识分子的勤劳，也应该包括那些顺应历史潮流，起过进步作用的剥削阶级及其代表人物的业绩。以此为准，则勤劳在民族优秀传统和民族发展中居于最基本的地位，其道理是很清楚的。

劳动改变了野蛮和愚昧，劳动使人类变得文明、高雅，而劳动人民则是劳动的主体，是推动历史的车轮滚滚向前的不竭动力。可见没有劳动，就不会有历史的前进，也就不会有今天，更不会有人类的未来。没有劳动，就没有人。没有劳动，也就没有人类社会。人类要生存，就得吃饭、穿衣、住房、走路、读书等等，人们所需要的一切生产资料和生活资料无一不是通过辛勤劳动创造的，谁离开劳动谁就无法生活下去。

毛泽东在《中国革命和中国共产党》一文中说："中华民族不但以刻

苦耐劳著称于世，同时又是酷爱自由、富于革命传统的民族。”这句话当然不是说其他民族不刻苦、不勤劳，而是强调勤劳精神之宝贵，是民族兴亡之所系，也是革命精神的源泉和出发点。中华民族能够以刻苦耐劳著称于世，这种荣誉是靠几千年来创造的举世公认、足以自豪的辉煌的古代文明和中世纪文明赢得的。中华文化之所以能够在远古诸文化中成为唯一持续发展至今的文化，也应该能够通过历史研究来加以说明和认识。

劳动创造世界。万里长城、大运河、广阔的国土、丰饶的田野、巍峨的宫殿、精致的庭院、星罗棋布的城镇村庄、纵横如网的沟渠河川，稻谷粟帛、鸡犬牛羊，从岩居穴处至高楼大厦，从原始陶器至现代工艺，从粗糙的石器至现在的宇宙飞船，一切物质财富，无不来自劳动。同样，人类社会的一切精神财富也来自劳动。在漫长的历史岁月中，劳动人民在辛勤的劳动中交流了思想，创造了诗歌。随着劳动实践，他们又创造了音乐、绘画、舞蹈等等。在华夏文明里，正是有太多先哲圣人的勤奋努力，才留给我们后人无数可以传承和学习的精神。

孔子是我国春秋时期伟大的思想家和教育家，他一生留下了许多关于学习和求知的名言和精神，已成为中华文明重要的组成部分。相传孔子年老的时候，回到自己的家乡，从事编书和讲学两项事业。这时他的工作很忙，但仍坚持学习。有一次，他得到一本叫《易经》的书，这是一本很难研究明白的书，但是孔子决定要读懂弄通。孔子花了很大的精力，把《易经》全部读了一遍，基本上了解了它的内容。不久又读了第二遍，掌握了它的基本要点。接着，他又读了第三遍，对其中的精神有了透彻的理解。在这以后，为了深入研究这部书，又为了给弟子讲解，他不知翻阅了多少遍。这样读来读去，把串连竹简的牛皮带子都磨断了几次，不得不多次换上新的再使用。孔子如此勤奋，后人赞其“韦编三绝”。要知道，春秋时的书，是以竹子为材料制作的，把竹子破成一根根竹签，称为“竹简”，用火烘干后在上面写字。多则几十个，少则八九个。这一部书要许多竹简，这些竹简必须用牢固的绳子之类的东西编起来才能阅读。像《易经》这样的书，当然是许许多多的竹简编连起来的，有相当的重量。从孔子读书的勤奋中我们可以看出，想要做成一件事，一定要有坚持不懈的精神和刻苦努力的决心。

正所谓“一夫不耕，或受其饥；一妇不织，或受其寒”（《史记·食货志》）。若只求殆惰，苟且度日，个人岂有不受饥寒之理？试想，我们的祖先若都是些懒惰之徒，我们至今恐怕还在过着茹毛饮血的原始生活，又哪里会过上如此方便、舒适的生活呢？为此，我们应该感激我们前辈的勤劳品质，更应认识到勤劳对于人生的重大意义。

勇者无惧，仁义为先

君子尚勇，勇敢是每个人所追求的性格境界。因为物竞天择，勇敢的人会有更高的出线概率，能更好地立于世。但究竟怎样才算得上是勇敢呢？或许没有具体的标准，但勇敢的人必有一颗勇敢的心，里面放着的是忍、是义、是责任。世间皆有道，须知勇亦有道。参照现实我们知道，不是所有的勇敢都是我们所希望的。子曰：“君子义以为上，君子有勇而无义为乱，小人有勇而无义为盗。”（《论语》）现代社会，君子与小人的概念已趋近模糊，但我们依旧生活在相对固定的道德准则下，好比孔子所说的“义”。我们不能否定暴徒是“勇敢”的，他们坑蒙拐骗，甚至杀人越货，哪样不是“勇”者所为？我们的社会，不需要这样的“勇敢”。于丹曾在百家讲坛里说：“没有道德准则的勇敢是这个世界上最大的灾难。”勇而无义，作乱为盗，也必将自食恶果。成功的人，都有浩然的气概，他们都是大胆且勇敢的。在他们的字典上，是没有“惧怕”两个字的，他们自信他们的能力是能够干一切事业的，他们自认他们是个很有价值的人。

项羽“生当作人杰，死亦为鬼雄”，虽然在四面楚歌的境况下自刎而死，但他永远是我们心中的豪杰；高渐离赠给荆轲一首歌“风萧萧兮易水寒，壮士一去兮不复还”，虽然荆轲未能刺秦王嬴政成功，但他永远是最伟大的刺客；豫让为报恩智伯，吞炭使自己喉咙沙哑，全身涂黑，去桥下刺杀赵襄子，虽未成功，但他的勇气和悲情，感动了无数的人，他的荣耀，永远照耀在我们中华民族的史册里！

文天祥本来是个文官，可为了反对侵略，保卫国家，他弃笔从戎，勇敢地走上了战场。那时候，元朝派出大军，要消灭南宋，文天祥听到消息，拿出自己的家产，招募3万壮士，组成义军，抗元救国。有人说：“元军人那么多，你这么点人怎么抵挡？不是虎羊相拼吗？”文天祥说：“国家有难而无人解救，是我最心痛的事。我力量虽然单薄，也要为国尽力呀！”后来，南宋统治者投降了元军，文天祥仍然坚持抗战。他对大家说："救国如救父母。父母有病，即使难以医治，儿子还是要全力抢救啊！"不久，他兵败被俘，坚决不肯投降，还写下了有名的诗句"人生自古谁无死，留取丹心照汗青"，表达自己坚持民族气节至死不变的决心。他拒绝了元朝的多次劝降，舍生取义，慷慨赴死。多少年来，文天祥的救国精神，代代相传，已经成为中华民族共同的精神财富。

真正的英雄就是对任何事都能全力以赴，自始至终，心无旁骛的人；真正的英雄就是面对国家大义都能杀身成仁，慷慨赴义，弘扬正气的人。这种勇气成为中华民族危急关头的脊梁。近现代，当祖国遭受到列强的侵略，人民生活在水深火热之中，多少革命志士英勇赴义，视富贵如浮云，以救国为天职，"人人心忧国之心，人人事救国之事"。虽然不少人都生长在富贵之家，但他们却自愿抛弃锦衣玉食的生活，离别老母爱妻，为革命劳苦奔走。孙中山在从事医生职业时，每年有万金的收入，但他不屑于"图利"而要革命。光复会领袖陶成章腰系麻绳，脚穿草鞋，经年累月地在浙江各地组织革命力量，几次过家门而不入。他说："身为国奔走，岂尚能以家系念耶？""封侯非我愿，劳苦为众生。"这是当年许多仁人志士的共同情操。

自强不息的民族精神

奋斗不息，志存高远

自强不息，取于《易经·乾卦》的"天行健，君子以自强不息"，意思是说，茫茫宇宙之所以存在，就在于它本身不知疲倦地运行着；作为"君子"，应当效法天道，永不懈怠，自强不息。

"自强不息"是中华民族奋斗不止、生生不息的精神支柱。依靠这种精神，中华民族长期领先于世界；依靠这种精神，中华民族走出了长达一个世纪的谷底；依靠这种精神，中华民族还必将实现再次腾飞，为世界作出更大贡献。民族文化塑造了中华民族自强不息的民族精神，给予了我们强大的精神动力。

就民族、国家的发展而言，在民族兴旺发达、繁荣向上的时期，人们总是怀着建功立业的豪情壮志；在外敌入侵、民族危亡的关头，自强不息的精神激励人们顽强地反对侵略，反抗民族压迫。就个人的人生价值而言，自强不息表现为仁人志士在强暴面前坚持正义，宁死不屈；在人生遭遇挫折时则表现为奋发图强，为理想不懈奋斗。自强不息还有一个重要表现，就是积极否定，革故鼎新。每当社会积弊日久之时，总会有人挺身而出，振臂高呼，为民请命，或变法维新，或革命，表现出强烈的社会责任感。因此，古往今来，多少学子为追求真理、实现理想而悬梁刺股，苦苦探求；多少英雄豪杰为抵御外辱、保卫国家而不惜抛头颅、洒热血；多少仁人志士为百姓利益、人民幸福而孜孜追求、奋斗不已……

在中国古代，这种自强不息的民族精神大都体现在知识分子的精神世界中。中国古代的知识分子自上而下最显著的精神力量就是因独立精神而与政治之间存在的一种紧张状态，这种状态造就了如屈原、陶渊明、李白、杜甫、白居易、陆游等无数文人现实命运的坎坷与对国家命运的焦虑与悲哀。这种悲哀就必然带来一种抗争，或将个人之不幸与国家忧患相结合，以宣泄或抗争；以诗文来排解冲突，安顿生命之修养。由此形成古代文人的人文精神，则或为刚性，即外向力，或为柔性，即内向力，这两种力度在文人身上突出地表现为自强不息的民族精神。

民族个体以其“大丈夫”的浩然正气影响并丰富着中华民族精神。比如矢志不渝的屈原，才情兼具的昭君，以及文成公主入藏、苏秦刺股、匡衡借光、孙康映雪，还有鉴湖女侠秋瑾、文学斗士鲁迅等等，都是“匹夫不可夺志”的生动再现，他们从个体层面展现了中华民族自强不息的伟大精神。

“匹夫不可夺志” 是人们在面临危难之时所表现出来的一种意志特征。它是一种临危不惧、不畏艰险的英勇斗争精神。“匹夫不可夺志”作为一种精神气质，它还具有更丰富的内涵：从整个民族来看，在漫长的历史过程中，为了坚守民族的独立性格，保护民族的主权和领土完整，中华民族形成了一种大无畏的革命精神，为了追求真理而不惧强敌、坚持正义，即使“赴汤火、蹈白刃”也在所不辞。

近代以来，随着封建统治阶级的日渐没落和腐朽，面对西方文化的强大冲击，中华民族曾经一度走向衰微，使中华民族的自尊心和自信心受到了极大的挫伤。可是中华儿女凭借自强不息的民族精神，对内反抗压迫，对外抵御外侮的行动贯穿于整个民族发展之中。从虎门销烟到三元里人民抗英，从甲午海战到戊戌变法，从辛亥革命到五四运动，从抗日战争到新中国成立等，中华儿女以“匹夫不可夺志”的独立气概抗争着，奋斗着。在持续不断的内忧外患的苦难中，中华民族不但没有被击垮，反而团结得更加紧密，从而使得中华民族精神得到不断的历练和升华。翻开中华民族的历史，几乎每一页都可以见到各种灾害，但无一不显示出中华民族万众一心、众志成城、不怕苦难、顽强拼搏、坚韧不拔的民族气概，这一点亦是与自强不息的民族精神分不开的。

为了振兴中华，革命志士们以国事为家事，视危难如坦途，舍生取义，以死为荣。“拚将十万头颅血，须把乾坤力挽回!”杰出的女革命家秋瑾的这两句诗，集中地反映了当年志士们的壮志豪情。孙中山在记述 1906 年萍浏湘起义爆发后的景象时说：“会员莫不激昂慷慨，怒发冲冠，亟思飞渡内地，身临前敌，与虏拚命，每日到机关部请命投军者甚众，稍有缓却，则多痛哭流泪，以为求死所而不可得，苦莫甚焉。”这种以身许国，争着为革命事业贡献自己的鲜血和生命的精神是十分感人的。一群又一群的革命志士，就是抱着“生为人豪，死为国雄”的豪情，踊跃参加了包括黄花岗之役在内的大小数十次武装起义，“其一种为主义而革命之热烈，实不知利害生死为何事也”，表现了有我无敌的英雄气概和赴汤蹈火的大无畏精神。

浩气英风，流芳千古

为了振兴中华，革命志士们蔑视一切困难，怀抱必胜信心，败而即战，矢志不移。作为革命旗手的孙中山，就是其中杰出的代表。从 19 世纪末投身革命之日起，正如他自己所说的，一直是“精诚无间，百折不回;满清之威力所不能屈，穷途之困苦所不能挠。吾志所向，一往无前，愈挫愈奋，再接再厉”。最后他所领导的辛亥革命终于推翻了清王朝和封建君主的专制制度，为国家和民族立下了丰功伟绩。尽管这次革命由于没有完成反帝反封建的任务而最后归于失败，但这位伟大的革命家“救国宗旨，决无变更”。他郑重地表示：“虽石烂海枯，而此身尚存，此心不死! 既不可以失败而灰心，亦不能以困难而缩步。”这种不达目的誓不罢休的韧性战斗风格，正是中华民族历史传统的生动体现。

半个世纪前，战火连绵。美国在广岛投下的原子弹在加快了日本投降的步伐的同时，也拉开了核竞赛的序幕，新生的人民共和国从战争的废墟上刚刚站立起来，战火就烧到了鸭绿江边，麦克阿瑟甚至扬言要在中朝边境上建立“核辐射带”。中国需要和平，但和平需要盾牌，严峻的现实迫使中国领导人不得不考虑研制自己的原子弹。当时新中国一穷二白，百废待兴，可这项事业却召唤着海外赤子冲破重重阻力毅然回国。物理学家赵中尧归国图中被驻日美军关进监狱，在祖国人民和世界科学家的声援下才恢复自由。他用在国外省吃俭用攒下的钱，为中国原子能组装了第一台质子静电加速器。作为第一个在英国获得教授职称的中国人，物理学家彭桓武被问到为什么要回来时说：“回国不需要理由，不回国才需要理由！”著名的科学家钱学森决定以探亲名义回国，却被无理拘禁，失去人身自由长达5年之久。创业异常艰难，然而，再大的困难也没有压倒会战大军。1964年的深秋时节，当中国第一颗原子弹爆炸成功的消息传遍世界的时候，面对大漠戈壁滩上的擎天云团，一位政治家断言，那不仅仅是火红的云团，更像是举起的拳头，是中国人民用能力和志气攥成的拳头！

中华民族精神是在漫长的历史发展过程中积淀形成的，她是这个民族安身立命的精神支柱。党的十六大把中华民族精神概括为“以爱国主义为核心的团结统一、爱好和平、勤劳勇敢、自强不息”精神。弘扬和培育民族精神，对推动中华民族的伟大复兴具有十分重要意义。作为新时代的儿女，我们应该牢记和培育自己的民族精神。在这种民族精神的支撑下，我们才能完成复兴中华民族的历史重任，从而再一次显示新时代中华民族精神的强大力量。

每个人在成长过程中，都有身处逆境的时候，可是当我们面临困境的时候，想想长征精神吧！我们应以坚韧不拔的毅力、自强不息的精神去赢得成功。在今天这个社会迅速发展和科学技术突飞猛进的时代，只有培育和弘扬自强不息的民族精神，我们的国家才能在日趋激烈的国际竞争中立于世界民族之林；作为个人也只有自强不息，才能为国家的富强、民族的振兴多作贡献。“回首向来风雨路，万里长征任疾驰。”当今的社会经济突飞猛进，知识不断更新，我们更需要坚韧不拔、自强不息、勇往直前的新长征精神。

一个人,只有自强不息、勇往直前才能取得成功;一个社会,只有自强不息、敢于挑战才能不断进步;一个民族,只有自强不息、勇于创新才能不断开拓进取;一个国家,只有自强不息、顽强拼搏才能在世界永远立于不败之地!自强不息,是泱泱中华文明的精髓所在;自强不息,是我们人生昂扬向上的力量源泉;自强不息,是巍巍中华绵延万代、永远屹立的精神支柱!

血脉相连　心心相印

——民族统一的凝结剂

一样的血一样的种，未来还有梦，我们一起开拓！手牵着手不分你我昂首向前走，让世界知道我们都是中国人！

——歌曲《中国人》

异国他乡，一句"我是中国人！"就可以使我们一见如故、亲如一家；国家危亡，同样只需一句"我是中国人！"便可以让我们义无反顾、共赴国难。黄皮肤、黑眼睛是我们共同的形象；炎黄子孙、华夏儿女是我们共同的名称。归宗炎黄、凝聚华夏。五千年来，正是以爱国主义为核心的民族精神凝结着中华民族团结奋进、风雨同舟；就是凭着对共同血脉的高度认同，对祖国统一的坚定信念和对多民族大家庭的强烈热爱，中华民族才能够同心同德、不断进取、延绵不绝。

中华民族　血浓于水

炎黄子孙，血脉相连

两河孕育的中华文明有着历史悠久的农耕文化和根基浓厚的家庭观念，这也成为中国人安土重迁、重视血缘、崇尚礼仪的重要原因，历史上的分分合合和近现代的曲折跌宕都没有改变中华民族的这种特征。

2012年6月22日，“公祭中华人文始祖伏羲大典”在甘肃省天水市伏羲庙隆重举行。相传，伏羲曾在天水市卦台山见渭河曲折于天地之间，川流不息，感于宇宙洪荒之奥秘，而演绎八卦。这天，来自五湖四海的炎黄子孙汇聚一堂，寻根拜祖，向中华民族共同的人文始祖——伏羲而致以崇高的敬意。这一天的伏羲庙锦帛相绕、琴瑟齐鸣，人们依循古礼恭读颂文、跪拜先祖。大典最后，钟鼓齐鸣，祭文朗朗，缅怀先祖筚路蓝缕，期冀中华盛世千秋。

五千年的华夏文明，斩不断的血脉相连。龙的传人遍布世界各地，他们吃苦耐劳、勇于奋斗，在海外异乡用自己的双手打拼出了一片天地。虽然所处的地域不同，虽然所从事的职业不同，但浓浓血脉之情将他们联系在一起，使他们与祖国和民族同进退、共风雨。在祖国强盛繁荣时，他们引以为自豪；当祖国危难时，他们勇于担当。百年来，世界各地的华人们以矢志不渝的华夏情怀谱写出了一部可歌可泣的民族情。

1911年，改变中国命运的一年，“驱除鞑虏，恢复中华，创立民国，平均地权”的辛亥革命爆发了。这一年，数以万计的心系中华民族前途的华人联合起来，为了改变中国的旧面貌，使中国站起来、使中国人站起来，这些华人们或是慷慨解囊，或是办报宣传，或是参加军队，积极地投入革命。在革命过程中，许多华人为保证革命的成功，不惜倾家荡产，甚至献出生命。一批批爱国志士前赴后继、一颗颗赤胆忠心为国而战。由于华人在辛亥革命中的突出表现和支柱作用，孙中山先生钦佩地将他们誉为“革命之母”，并赞道：“（海外华人）既捐巨资以为军费，而回国效命决死，以为党军模范者复踵相接。”

1937年7月7日，枪声打断了卢沟桥的平静。面对日本侵略者的疯狂进攻，亿万华夏儿女毅然走上了抗日救国之路。为了抗击外敌、挽救中国，散布于世界各地的华人捐资捐物，共御外敌。著名爱国华侨陈嘉庚先生领头成立了“南洋华侨筹赈祖国难民总会”，为祖国筹得4亿元的抗战款项，同时陈嘉庚先生在重庆等地成立药厂为国内抗战直接供应药品，此外还特别组织3000名华侨机工回国服务，在新滇缅公路上抢运中国抗战急需的战略物资。何良泽、李清泉等各地华侨领袖在抗日时期都积极组织本地华人捐资捐物，与祖国军民同心协力抗击日寇。这一旷日持久的卫国战争再一次彰显了海外华人华侨与祖国斩不断的血脉之情，虽是远隔千里，却具有永远的共同寄托。

新中国成立后，面临西方国家的技术和物资封锁，为了中华民族的复兴，广大心系祖国的海外华人、华侨毅然归国。在各个领域，这些离乡多年的游子都为之倾尽全力。新中国“两弹一星”工程、水利设施、农业技术等各个领域都留下了他们的功绩。时至今日，当年归国华人华侨用一身精力凝筑的功勋已成为一座座历史的丰碑，将他们的爱国情怀永远留存，更是一座座亲情的桥，将天涯海角的华人联系在一起。

改革开放以来，海外侨胞更是全方位地参与中国的现代化建设，成为中国现代化建设事业的积极参与者、贡献者。同时，实现祖国的完全统一历来是海外华人华侨的强烈愿望，也是革命先驱未竟的事业。目前，由华侨华人成立的促进中国和平统一的组织已经有180多个，分布在世界80多个国家和地区，这充分展示了海外侨胞促进中国和平统一、维护国家领土完整的强烈愿望。在海内外同胞的共同努力下，两岸关系实现了历史性的转折，进入和平发展的新时期。可以说，一百多年来，海外侨胞赤诚的爱国主义精神始终是实现中华民族伟大复兴、推进祖国实现和平统一大业的重要力量。共同的文化血脉将五湖四海的华夏儿女凝结起来，团结奋进，为中华民族的崛起而同心协力。

同心同德，荣辱与共

中国是统一的多民族国家，在长期的历史发展中各个民族的内部认同在不断发展，最终演绎形成了自觉的多元一体的中华民族实体。中国历史上存在过许多民族共存的王朝，但中央王朝对于少数民族的特殊性也表示了充分的尊重，比如土司制度就是在保证国家统一的基础上回应少数民族自治自理诉求的专门性制度安排。著名学者费孝通先生认为：中华民族“多元一体”特点中的“多元”，是指构成中华民族的各个民族众多，文化各异，社会发展亦不平衡；而所谓“一体”，则是指各民族之间存在着共同的文化基础，有共同的历史经验及国家归属，相互依赖而不可分割，呈现出“多元中包含着一体性，一体中容纳着多元性”的格局。

虽然古代没有“中华民族”这种称谓和观念，但存在着“华夏”、“炎黄子孙”、“唐人”等诸多文化认同的概念，可以说，中华民族是生活在这片土地上的人们共同发展的产物，经历了从朴素存在阶段—“自在”到自我认同阶段—“自觉”的一个过程。中华民族从“自在”走向“自觉”的过程是中华民族概念的形成过程,也是中国现代民族的形成过程。从20世纪初期,先进的中国人,为了抵御西方帝国主义的侵略,为将中国建立成一个富强的现代民族国家,前仆后继,不断奋斗。另一方面,“中华”这一民族称号,能够获得中国境内各民族及海外华人的普遍接受,是因这个称号的使用,历经了长期的文化及历史演进过程,深深地融于一般人民的常识认知中,成为中国境内各民族自我认同的标志。同属中华民族,同为龙的传人,千百年来,世界各地五湖四海的华夏儿女,无论来自哪一个民族、无论来自哪一个地方,都义无反顾地为中国的发展而付出自己的心血。

当日寇的铁蹄踏上中国的土地,在抗日战场上,全国各族军民共同奋起抵抗,新疆和西藏的兵民们都扮演了极为重要的角色。“有人出人、有力出力、有钱出钱、有知识出知识”,抗战伊始,新疆各族人民群众便倾其所有,为抗战前线服务。他们把传家用的挂毯、绸缎、衣物及牛羊、毛驴等都送到军队中。阿克苏一位维吾尔族妇女将其丈夫生前遗留的白银元宝27个全部捐献。从1937年9月到次年9月,新疆各地共捐款折合大洋60万元,用此购得国防飞机10架,命名为“新疆号”,送往抗日前线,参加了武汉保卫战。此外,新疆人民还积极为延安捐衣捐物,仅1937年新疆边务处就派人护送一批有8万件皮衣、1万件马鞍和800斤西药等共80多辆汽车的物资到延安。为此,毛泽东等中共领导人还亲自接见了护送人员。与新疆一样,为了挽救民族危亡,西藏人民也积极参与到抗日民族统一战线中来。1944年10月,西藏僧俗群众发起开展献金购机运动,捐赠国币500万元,用以购买飞机25架,组成近3个空军大队,支援抗战前线。甘肃省拉卜楞藏区人民的事迹更令人敬佩,他们捐献的财物,竟可购买30架飞机,因此受到国民政府特令嘉奖,颁给“输财卫国”匾额一方,此匾至今尚存于拉卜楞寺中。

而今抗日战争胜利结束已经60多年了,人们每每提及抗战都慷慨激昂,这不仅是因为中华民族经过艰苦卓绝的斗争,为世界反法西斯战争的胜利作出了不可磨灭的贡献,更是因为这场卫国战争再一次证明了中华民族同心同德、同甘共苦的伟大精神。

家是最小国,国是千万家,家国两相依。对于中华儿女来说,“小家”

和“大家”永远都是他们精神寄托之所在。海外的华人、华侨曾经在国家危难时挺身而出,舍小家为大家;而祖国也应该在自己的海外儿女遇到危难的时候保护他们。但是,近代中国的积贫积弱使得中华儿女饱受欺凌,这使得整个民族形成一个共同的理想——强国梦。

2011 年 2 月下旬开始,利比亚局势急剧恶化,愈发严峻。利比亚的国内动荡受到国际社会关注的同时,中国政府保护海外华人、华侨和公民的一场“撤离”行动也吸引了全世界的目光。海陆空和军队四大力量,12 天,35860 人,中国效率和中国信誉再次使世界瞩目。中国政府共动用 91 架次中国民航包机,35 架次外航包机,12 架次军机, 租用外国轮船 11 艘,中远、中海货轮 5 艘,军舰 1 艘,成功撤离中国驻利比亚人员。还需要指出的是,在力所能及的情况下,本着人道主义精神,中国还帮助 12 个国家撤出了 2100 名外籍公民。法国《欧洲时报》发表评论说,通过撤离行动,中国向世界彰显了中国人的生命价值;上下一心、团结一致,这是中国人自豪感集体提升的深刻背景与人文根源。

与此形成鲜明对比的是,就在一百年前,华人移民受到诸多不公正的待遇而得不到任何保护。鸦片战争叩开近代中国的大门后,华人以华工的名义开始向世界各地移民。华工最初在美国太平洋沿岸出现的时候,因其聪明才智、高超技艺以及刻苦耐劳、异常节俭的品质很快赢得了那些北美工头的青睐。但是,随着大量铁路工程竣工和西部开发工作的基本完成,以及经济大萧条的出现,用工矛盾也很快显露出来,北美特别是美国西部各州掀起排华的浪潮。华人在社会生活中被隔离起来,受到各种歧视, 最后仇恨和不满演变成一系列有恃无恐的暴力排华事件,华人受到严重的迫害。但清政府软弱无能,根本无法保护自己的侨民,只能任其宰割,刻下一段华人、华侨的血泪史。

随着中国共产党领导的新民主主义革命的胜利及新中国的成立,中华民族终于以独立的姿态屹立于世界民族之林。伴随着改革开放的发展,中国的政治、经济、文化、军事、国防、科教等各方面事业都发生了翻天覆地的变化:政治上,中国由一个半殖民地半封建的国家发展成为一个拥有独立主权的、人民当家做主的社会主义国家,并且是联合国的常任理事国;经济上,中国由一个贫穷落后的国家发展成为全球第二大经济体;文化上,中国坚持社会主义核心价值体系的指导,“中国道路”成为世界热议的话题，中华传统文化也得到广泛的弘扬。同时，强盛的中国也不会忘记海外的每一位中华儿女。随着中国国力增长和国际影响力的提高，将为漂泊在外的炎黄子孙们支撑起强有力的后盾。

炎黄子孙血脉相连、同心同德、荣辱与共，正是中华民族团结奋斗、共同发展、高度统一的写照。

国家统一　人心所向

民族认同，国家根基

中国近现代的民族认同理念源于孙中山先生。孙中山先生起初提出“驱除鞑虏，恢复中华”的革命主张，但后来他日益感到中国境内各民族多元复杂，不仅要为各民族求得平等独立，而且更重要的是要同封建主义和西方帝国主义作斗争，因此要效仿西方现代民族主义观念，建立一个具有民族意识、爱国意识与主权观念的独立民族国家。

20 世纪 30 年代，日本人侵入中国。他们也许从中国“以夷制夷”的策略中受到启发，对中国要“以华制华”。北洋军阀头目便成了他们争取的主要对象。出乎他们意料的是，在这些表面粗鲁、挑起十几年内战的军阀面前，他们都碰了壁：张作霖誓不做日本走狗而被杀害；徐世昌宁病死也不上日本人控制的医院；曹锟与高林蔚等汉奸划清界限，冒死不降。宁死不当汉奸，成了北洋军阀们的最后底线。

斯大林在他著名的《马克思主义和民族问题》著作中，根据马克思和恩格斯关于民族问题理论的阐释，完整、系统地对民族下了定义：“民族是人们在历史上形成的一个有共同语言、共同地域、共同经济生活以及表现在共同文化上的共同心理素质的稳定的共同体。”到 20 世纪 90 年代，费孝通先生将这一“共同心理素质”解释为“民族认同感”或“民族自觉的认同意识”。民族认同感也是民族认同意识，即民族认同性，它是“同一民族的人感觉到大家是同属于一个人们共同体的自己人的这种心理”。民族认同与国家认同相统一，是多民族国家保持国家统一和社会稳定的思想基础。

新中国成立后特别是改革开放以来，我们党牢牢把握各民族共同团结奋斗、共同繁荣发展这一主题,保障少数民族合法权益,巩固和发展平等团结互助和谐的社会主义民族关系,保证了国家的团结统一。如果民族认同与国家认同不能统一,很容易破坏国家的统一与民族的团结。当前,极端主义、民族分裂主义和恐怖主义"三股势力"在世界不断蔓延,对我国的国家统一和民族团结造成了不利影响,也更加突显出实现民族认同与国家认同相统一的重要性。针对"三股势力"破坏国家统一和民族团结的卑劣行径,必须采取切实措施,促进民族认同与国家认同相统一。

在近代西方强势文明的冲击下,古老中国面临天翻地覆的转变,一百多年来,中国在一波强过一波的浪潮拍打中,载沉载浮,时而几近覆灭,时而"自居"于浪头之巅,民族自信心与民族认同感也就在跌入谷底与重登山巅之间起伏。其间,如何唤起民族自信心与重铸国魂,进而产生新的"民族认同",这是古老中国面临"解构与重建"的首要课题。失去了广泛认同的民族,即使能够活下来,也永远是二等公民。犹太民族在流离了近2000年后,依靠高度的民族认同,顽强地从世界各地聚集到他们的发源地,能够在伊斯兰国家的包围下成功建国,其赖以依靠的就是高度的民族认同;分裂了数十年的德国人民推翻柏林墙的勇气也来源于民族认同;全世界华人、华侨对于祖国无限的眷恋和热爱也来自于民族认同。

国民的民族认同感是国家稳定的坚定基石。必须要始终树立培养广大国民拼搏进取、积极向上的意志与精神,坚持培养树立全体国民的爱国情怀与热情,才能使全民族同心同德,公担荣辱,以求中华民族永远立于不败之地!

改革开放以来,是我国历史上从民族认同到国家认同的理论与实践加快发展的时期,也是在社会变革时期从民族认同到国家认同最容易产生冲突甚至激化各种矛盾的时期。在统一的多民族国家中,数千年的民族交融和近百年的屈辱和奋斗使中华民族牢牢地刻印在每一个中国人的心中,并成为世界各地炎黄子孙共同认可的独特身份和标志。

为国家统一而不懈奋斗

热爱祖国,维护祖国统一,是中华民族的光荣传统。解决台湾问题,实现祖国完全统一,是全体中华儿女的心愿,更是中华民族的根本利益所在。

1944 年 4 月初的一个暗夜里,一列从釜山开来的火车缓缓驶过鸭绿江,开进丹东(时称安东)车站。20 岁的台湾青年吴思汉下车时,难掩归国一刻的激越思绪。默默立志要回祖国参加抗日的吴思汉,毅然放弃日本京都的大学学业,冒着生命危险,穿越朝鲜半岛和中国东北、华北沦陷区,突破层层封锁,最终抵达重庆。

几十年后,台湾作家蓝博洲偶然发现这段尘封的史实,完成纪实文学作品《寻找祖国三千里》。在该书的封面上,印着醒目的一句话:“祖国啊,请你看我一眼,你的台湾儿子回来了!”

甲午战败后清政府割让台湾,是近代积贫积弱的中华民族最大的耻辱与最深的伤痛,一系列的国耻激励了先进的中国人推翻清廷、振兴中华的革命意志和决心。在这挽救民族于危亡的革命洪流中,台湾人民也作出了巨大贡献。早在 1897 年,孙中山先生就安排陈少白赴台,成立兴中会台湾分会。1910 年 9 月,同盟会台湾分会成立。1900、1913 和 1918 年,孙中山 3 次赴台,台湾成为其传播革命思想、联络革命志士、指挥武装起义的基地之一。大批台湾志士仁人积极参与了辛亥革命:有被誉为“台湾孙中山”的蒋渭水,有在苗栗组织抗日起义、牺牲时年仅 29 岁的罗福星,还有变卖家产组织革命军参加反袁护法运动、后被反动军阀孙传芳杀害的林祖密等。

1945 年 8 月 15 日,日本宣布无条件投降,台湾光复,但旋即爆发的内战却又将台湾与大陆相隔开来。这一相隔,便是数十年。两岸虽然对峙、隔绝数十年,但台湾同胞的中华民族意识与情感并未消减。20 世纪 80 年代,台湾《龙的传人》、《外婆的澎湖湾》、《故乡的云》等歌曲问世并在大陆广为传唱。这些民歌跨过海峡,风靡大陆,成为脍炙人口的“流行歌曲”。

孙中山先生的毕生奋斗,就是为了“万众一心,急起直追,以我五千年文明优秀之民族,应世界之潮流,而建设一政治最修明、人民最安乐之国家,为民所有、为民所治、为民所享者也”。百年来,这一宏伟理想在中华大地上逐步化为现实。在大陆,中国共产党人继承中山先生遗志,积极推动全面建设小康社会进程,取得举世公认的伟大成就。旧中国的积贫积弱如今一去不复返,现代化的春风正吹遍神州大地。宝岛台湾,同样依靠中华儿女的勤劳与智慧,打造出了令世人赞叹的“台湾奇迹”,在 20 世纪七八十年代成为"亚洲四小龙"之一。如今的台湾,无论是外汇储备、经贸实力还是科技研发能力,都在国际上举足轻重。

在新的时代篇章里,两岸经贸交流为两岸经济的各自繁荣和发展起到了积极的促进作用,而反过来,两岸经济的成长又为相互间的交流、融合提供了源源不断的动能和内涵。20世纪八九十年代,大陆以其低廉的土地、劳动力成本和优惠政策,为台商提供了广阔的投资空间和顺利转型的机遇;现在,大陆以其广阔的内需市场和飞速成长的经济实力,正成为台湾经济于困境中二度转型、再创辉煌的新引擎,也为两岸在新的世纪打造新的中华民族经济圈奠定了基石。即便在台湾经济低迷、国际金融危机来袭之际,两岸经济仍能兄弟同心,共渡难关。

实现祖国的完全统一,是海内外中华儿女的共同心愿,是中华民族的根本利益所在。江泽民同志指出:"国家要统一,民族要复兴,台湾问题不能无限期地拖延下去。我们坚信,通过全体中华儿女共同努力,祖国的完全统一就一定能够早日实现。"

为早日实现祖国统一,中国共产党和中国人民作出了不懈的努力。中国共产党人始终把实现祖国的完全统一作为自己的历史使命,为此进行了长期不懈的奋斗。党的十一届三中全会后,邓小平同志提出了"和平统一、一国两制"的伟大构想。香港、澳门顺利回归祖国是"一国两制"的伟大胜利,也是祖国统一大业进程中的重要里程碑,更是中国共产党对于中华民族的历史性贡献。改革开放30多年来两岸关系发展的重要实践告诉我们:推动两岸关系发展,实现祖国和平统一,最重要的是要遵循"和平统一、一国两制"的方针和现阶段发展两岸关系、推动祖国和平统一的八项主张,坚持一个中国的原则不动摇,争取和平统一的努力不放弃,贯彻寄希望于台湾人民的方针不改变,反对"台独"分裂活动不妥协。

同时,解决台湾问题、实现祖国的完全统一,需要寄希望于台湾人民。台湾同胞具有光荣的爱国主义传统,是发展两岸关系的重要力量。2300万台湾同胞是大陆人民的手足兄弟,整个中华民族都希望通过和平的方式解决台湾问题。需要说明的是,决不承诺放弃使用武力,不是针对台湾同胞的,而是针对外国势力干涉中国统一和台湾分裂势力搞"台湾独立"图谋的。没有祖国的完全统一,就没有完全意义上的民族振兴。实现祖国的完全统一和维护祖国的安全,是中华民族伟大复兴的根本基础,也是全体中国人民不可动摇的坚强意志。不管在实现祖国完全统一的道路上还有多少艰难险阻,海峡两岸全体中国人和所有中华儿女,从中华民族的根本利益出发,携手共进,祖国的完全统一和民族的全面振兴就一定能够实现。

目前,两岸关系和平发展正处在进一步向前发展推进的重要历史机遇期。两岸各界的交流局面正在形成。经济合作进一步深化,文化交流进一步发展,各界交往进一步扩大,交流领域进一步拓宽,交流形式进一步创新。只要两岸同胞坚定信心、携手努力,就一定能够不断战胜前进道路上的困难和阻碍,不断开创两岸关系和平发展的新局面,共同走向中华民族伟大复兴的锦绣前程。

多元一体　共爱一家

民族融合,共创未来

烤饼如今是北方尤其是西北地区人们常见的食品。烤饼源于新疆的名吃——馕。馕历史悠久,古代称为"胡饼"、"炉饼"。胡饼是由少数民族流传而来,其中"胡"就是代表少数民族的意思。据说在唐朝的时候,月饼也叫胡饼。秦汉以前中国人大约主食汤饼或者蒸饼,薄而软。胡饼大约是在汉代班超通西域时传来的。到了唐代,吃胡饼已经成了一种最时髦的享受。《旧唐书》曰:"贵人御馔,尽供胡食。"现在,西式的面包也成为中国人餐桌上常见的食品,而麦当劳、肯德基等更是受到年轻人的欢迎。

这片古老的土地和世代相传的各族人民千百年来造就了我们民族至高的美和至深的爱。这是中华民族的优秀传统、民族文化融合和民族团结的精神。民族融合是现在的中华民族得以形成的根源。民族团结与进步,是社会主义民族关系的主旋律,也是社会主义精神文明建设的重要内容。

中华民族的融合过程在历史上大体经过了四次大融合。从商周经春秋战国到秦汉是第一次民族大融合,由华夏诸族为主融合了夷、蛮、戎、狄诸族的一部分,形成了一个和周族相异的新民族共同体——汉族。从两汉、魏、晋、南北朝到隋唐是第二次民族大融合,形成了第二个新的民族共同体——唐人。唐人不等于汉人，它包括了鲜卑、匈奴、羌、越、蛮等许多原来汉人以外的成分。从辽、金、元到明是第三次民族大融合，形成了第三个新的民族共同体——明人。明人中又新增加高丽人、渤海人、契丹人、女真人、蒙古人等成分。从清朝到现在是第四次民族大融合，随着中国统一多民族国家疆域的最后奠定，更多的新民族参与到民族大融合的行列中。目前，我国各民族经过长期的交流融合已经形成你中有我、我中有你的状况。经过长期间各族的不断迁徙、分化、融合，已使我国各民族在种族上大都难以区分；经过长时期的互相影响，我国各民族习俗的许多方面是共性大于个性；在语言方面，各民族都在互相吸收彼此的词汇，汉语已逐渐成为了各民族的通用语；在经济上，经过长期间各民族的密切交往，已经逐渐形成了一体化的经济。而在新时期新阶段，各民族更是团结奋进，相互学习，为振兴中华民族而努力奋斗。

一曲优美动听的《新疆好》，唱出了两千万天山儿女的心声。在党的民族政策光辉照耀下，新疆大地安定祥和，到处奏响民族团结的凯歌，在这片热土上生活着维吾尔、汉、哈萨克、回、蒙古等47个民族，在历代抵御外敌入侵、反对分裂祖国的斗争中，各族人民结下了兄弟般的深厚情谊。

2009年8月，中国少数民族戏剧学会授予吉林省松原市满族新城戏《洪皓》“金孔雀”综合大奖。《洪皓》不仅给我们带来别具风格的民族气息，而且也给我们带来民族融合的思考。

洪皓(1088—1155)，字光弼，饶州(今波阳)人，28岁登进士第。南宋抗金将士，在宋高宗赵构退缩南迁时，勇于进谏，被命为大金通问使，暂任礼部尚书，赴金求和。后被金廷流放到金陈王完颜希尹的属地松漠地区(今扶余、五常一带)15年，但仍矢志不移，忠贞不屈，含辛茹苦，全节而归。

在金邦15年间，他为女真百姓消疾病，用水煮桦树皮后再压平做纸，在上面书写四书五经，传教女真人民，传播南方的农耕技术，教当地人纺线织布，让女真人用“破木为屋”代替“掘地为屋”……在他流放年间，足迹遍布松漠，撰写了松漠地区山川地貌、文化风俗、军事礼仪等内容的《松漠纪闻》。

但他从未忘记自己出使金国的使命。史书曾记载这样一个情节：金国陈王希尹来劝降洪皓，他回答“……洪某南来，见两国之民，田园荒芜，流离失所，此皆战乱之罪也，足下若能促成息兵罢战，此千古之功也，洪某怎敢图高官厚禄？归降二字，休再提起，断难从命！”15年间，他和女真百姓建立起深厚的友情，而剧中所表现的他与女真女子金哥的爱情质朴而真诚，感动天地。

《洪皓》的成功是抓住了文化和民族融合这样的主题。战争给两个民族民众带来深重的灾难，战争让两个民族疏离，但是文化能够拉近两个民族人民心灵的距离，这就是文化的力量。洪皓与冷山老百姓其乐融融，文化就是纽带，文化的和谐带来了民族的和谐，而文化和谐是民族和谐的根基。这种文化的魅力体现在洪皓的身上，而他的人格魅力，也主要来源于文化的力量。剧中，洪皓跳的那段大气华丽、极具民族风情的满族舞蹈，也体现了民族融合的精神实质。

在我国统一多民族国家的历史上，各族人民长期和睦相处、并肩劳动，共同缔造中华民族的灿烂文明。即使在相互攻战、短暂分裂的年代，各族劳动人民仍然保持着频繁密切的交往，更有许多民族友好使者不断往来于各族人民之间，交流信息，推进和好，为加强民族团结、消除民族隔阂、促进国家统一，进行着坚持不懈的努力。宋金战争之际的洪皓，就是这样一位深受历代人民称颂的民族友好使者。

民族团结是中华民族伟大复兴的强大动力。实现中华民族伟大复兴，是近代以来中国人民不懈追求的目标。中华民族的伟大复兴，根本动力来自全国各族人民。只有各民族大团结，各族人民共同当家做主，才能确保各族人民的主体地位落到实处，使各族人民建设中国特色社会主义的参与热情和创造活力最大限度地激发出来，使社会主义制度下一切物质的和精神的、现实的和潜在的积极因素竞相迸发其能量，一切有利于造福社会和人民的源泉充分涌流，从而使中华民族伟大复兴的光明前景真正变为现实。

同心互爱，共筑一家

在新疆青格里河畔有一位平凡而伟大的母亲——阿尼帕。阿尼帕亲生的子女有9个，其他10个是收养的多民族孤儿。但她总说：“我家19个孩子，个个都是亲生的。”亲生的子女们也反复强调：“不要把我们分成亲生的和收养的,我们都是父母疼爱的孩子。”被收养的子女们也一再坚持:“这就是我们的家,维吾尔族妈妈爸爸对我们恩重如山。”爱,多一点付出,就会得到更多更大的满足,也会让爱得到升华,因为,爱加上爱是更多的爱。在青格里河畔这家朴素的屋子里,每天都上演着一幕幕人间温情剧,感动每一个人。

每年的3月28日,是西藏百万农奴解放纪念日。1959年3月28日,国务院发布命令,解散西藏地方政府,由西藏自治区筹备委员会行使职权,领导西藏各族人民进行民主改革。由此,废止了黑暗的西藏封建农奴制度,解放了百万农奴。50多年前,以解放百万农奴为目标的民主改革开启了西藏历史的新纪元。

2011年,西藏自治区生产总值达到605.83亿元,财政一般预算收入达到54.7亿元;2011年,西藏籍应届大学生就业率达99%,基本实现全就业,适龄儿童入学率达到99.4%;西藏人口从1959年的122.8万增长到2011年的303万,其中藏族人口占90.48%,西藏人均预期寿命从1959年的35.5岁提高到67岁。与此同时,西藏人民的政治权利得到有效保障。一大批藏族和其他少数民族干部迅速成长,成为建设西藏、发展西藏的骨干力量,在自治区、地市、县三级国家机关组成人员中,藏族和其他少数民族占77.9%;西藏的宗教信仰自由得到尊重,优秀传统文化得到保护、继承和发展。《格萨尔王传》等进入非物质文化遗产保护名录,藏语文的学习、使用和发展得到高度重视,藏文编码成为我国少数民族文字中第一个具有国际标准的文字;西藏的生态环境持续良好,西藏仍是全球生态环境最好的地区之一。

“团结就是力量,这力量是铁,这力量是钢,比铁还硬,比钢还强。”这首著名的《团结就是力量》,曾经擂响了各民族团结救亡、打败日本侵略者的铿锵战鼓,吹响了各民族团结起来建设社会主义的激越号角,时至今日,仍然激励着各族人民为实现中华民族伟大复兴团结奋斗。在千百年来的漫长历史进程中,生活在这片土地上的各族人民在中国这个统一的多民族大家庭里携手并肩、团结奋斗,共同开发、建设着世界东方辽阔富饶的疆土,共同谱写着维护民族团结和祖国统一的雄浑篇章。民族团结是社会主义民族关系的基本特征和核心内容之一,也是中国共产党和国家所追求的目标。社会主义社会各民族之间的团结,是以中国共产党的领导和党的团结为核心的，是以社会主义制度和祖国统一为基础的，是中国民族政策体系的重要组成部分。

中华民族生生不息，靠的是各民族团结友爱。一个家庭不团结，可能亲人反目；一个民族不团结，可能一盘散沙；一个国家不团结，可能分崩离析。我国各民族在历经数千年的迁徙、贸易、婚嫁、交融中，形成了你中有我、我中有你，交错杂居、共生互补的格局，孕育了团结友爱的宝贵传统。特别是近代以来，国家积贫积弱，人民饱受欺凌。当时西方人普遍认为中国必然会分裂为无数的国家。但他们的预言失败了。中华民族不仅没有分裂，反而"用我们的血肉筑成我们新的长城"，打败了侵略者，赢得了民族独立、自由和统一。中华民族之所以能够浴血奋战、浴火重生，一个重要原因就在于各民族在反对共同敌人的斗争中形成了休戚与共、荣辱一体的命运共同体。在同仇敌忾、共御外侮的过程中，不仅民族团结友爱的优良传统得以空前的光大，而且中华民族从自在的联合走向自觉的联合，团结一致走上了通向伟大复兴的崭新征程。

中华民族繁荣富强，靠的是各民族团结友爱。新中国的成立和社会主义制度的确立，开辟了各民族团结友爱的新纪元，中华民族展现出巨大的向心力、凝聚力，展现出无比的自信心、自豪感。新中国成立以来，各族人民高举民族大团结的伟大旗帜，和衷共济、和睦相处、和谐发展，携手推进社会主义建设和改革开放事业，谱写了中华民族自强不息、团结奋进的壮丽史诗。60年来，中华民族在前进过程中克服了来自政治领域、经济领域和自然界的种种困难和考验，顶住了来自国内外的种种压力和挑战，使我国现代化建设和改革开放的航船乘风破浪、胜利前进。所以如此，其中一个很重要的原因就是各民族始终同呼吸、共命运、心连心，同心同德、并肩战斗。今天，"汉族离不开少数民族、少数民族离不开汉族、各少数民族之间也相互离不开" 的理念已经成为各族人民的自觉认同，共同团结奋斗、共同繁荣发展的主题已经成为各族人民的共同追求。这是中华民族自强不息、不断前进的力量源泉。

中华民族伟大复兴，还要靠各民族团结友爱。只有56个民族同心同德、群策群力、携手并肩、团结奋斗，中华民族才能焕发出无比磅礴的伟大力量，民族复兴的伟业才会展现出宽广灿烂的光明前景。民族团结是一种精神、一种思想整合力量、一种追求，它对凝聚人心、整合社会起着重要作用。民族团结关系到中华民族的生死存亡，关系到国家的安危和各族人民的根本利益。没有民族团结，就没有社会的稳定；没有民族团结，就没有经济的发展；没有民族团结，构建社会主义和谐社会就无从谈起。加强民族团结是顺应历史发展趋势的国策，是符合全国广大人民群众情感和意愿的大举。华夏民族同根同祖，炎黄子孙血脉相连。在几千年的历史发展中，我们血浓于水，情同手足，以其睿智实现了民族大团结，使得我们华夏民族千年不衰，繁荣昌盛；犹如一条巨龙盘踞在世界的东方！中华民族以其灿烂无比的民族文化和璀璨罕世的华夏文明让我们民族自豪，并凝聚成华夏统一的民族之魂！

攻坚克难　自强不息
——民族奋斗的精神支柱

民族精神是一个民族赖以生存和发展的精神支撑。一个民族,没有振奋的精神和高尚的品格,不可能自立于世界民族之林。

——江泽民

2008年5月19日14时28分,天安门广场国旗低垂,当防空警报与汽笛声响起,13亿中国人低首肃立,为四川大地震中失去生命的同胞默哀,这一刻,华夏同悲,神州泣血。3分钟后,默哀结束,天安门广场上的数万名群众却久久不愿离去。“四川,雄起!”静穆之中,一声口号响起,随之而来的是排山倒海般的回应:“汶川不哭!”“四川挺住!”“中国加油!”人们一遍又一遍地合唱国歌,无数坚定的拳头向空中挥舞,无数鲜艳的国旗猎猎飘扬,这一刻,万众一心,众志成城!面对突如其来的巨大灾难,中华民族表现出来的超强凝聚力和动员力令世界震惊。是什么让中华儿女在危难关头迸发出如此巨大的能量?这就是中华民族自强不息的民族精神!“中国,加油!”看似简单的四个字,朴实而有力地展现了中华民族百折不挠的铮铮脊梁,它支撑着这个古老的民族,阅五千年沧桑,岿然屹立。

滴水藏海 积土成山

艰难困苦，玉汝于成

民族精神从来就不是一个抽象的概念或一句空洞的口号，当身处逆境之时，支撑着我们奋斗不息的是民族精神；当祖国危难之时，指引着我们救亡图存的也是民族精神；当世界瞩目之时，激励着我们为国争光的更是民族精神。她根植于每个炎黄子孙的心底流淌在所有中华儿女的血脉中。

司马迁，字子长，中国西汉伟大的史学家。为协助父亲司马谈修史立书，司马迁自20岁起就踏遍大江南北搜集民间传说，考察古迹，遍阅史书，积累了大量史料。公元前99年，汉将军李陵出击匈奴，兵败投降，作为史官的司马迁为李陵辩护，触怒武帝，获罪下狱，并于次年被处以宫刑。面对如此耻辱，司马迁本想一死，但他不愿放弃自己多年积累之心血，更不忍辜负父亲终身未偿之夙愿。回想先贤们于逆境中奋发进取的事迹，司马迁发出了“人固有一死，或重于泰山，或轻于鸿毛”的激昂之声。他决心为了自己的理想，忍辱负重，顽强地活下去，只要能完成著作，传于天下，即使受尽凌辱也绝不后悔！公元前91年，55岁的司马迁终于完成了中国第一部纪传体通史——《史记》。这部倾注了他一生心血的史书，被后世誉为“史家之绝唱，无韵之离骚”。毋庸置疑，司马迁不屈的灵魂将与这部史学巨著一同成为中华民族的宝贵财富，彪炳千古。

1911年底，沈阳东关模范学校。这一天，校长亲自为学生上修身课，题目是“立命”。课堂上，校长向学生们提出了一个问题：“诸生为何而读书？”学生们有的说：“为挣钱而读书。”也有的说：“为做官而读书。”“为明理而读书”……这时，校长走到一个一直没有发言的同学面前，问道：“你是为什么而读书？”他站起身来，非常郑重地回答道：“为中华之崛起而读书！”铿锵有力的话语，博得了校长的喝彩：“好啊！为中华之崛起！有志者当效周生啊！”这位“周生”就是周恩来。当时的中国，孙中山领导的辛亥革命刚刚推翻了清朝政府，结束了中国两千多年的封建帝制,但国家的苦难却远未解除,在帝国主义列强环伺下,中华民族前途未卜。面对处于剧烈的变革之中的社会,许多年轻人对个人、民族的未来感到十分困惑。校长讲"立命",就是给学生讲怎样立志。而当时年仅13岁的周恩来已经清楚地意识到,要想不受帝国主义的压迫,就要振兴中华,读书也便要以此为目标。周恩来没有让自己的誓言成为空谈,1917年,19岁的周恩来在赴日留学时又写下了"大江歌罢掉头东,邃密群科济世穷,面壁十年图破壁,难酬蹈海亦英雄"的豪迈诗句,表达他寻求真理、救国济世的抱负。五四运动前夕,国内反帝反封建运动蓬勃兴起,周恩来毅然放弃在日本求学的机会,归国加入革命。临行前,他再次挥毫,将这首充满了自己壮志豪情的七绝赠予为他饯行的同窗好友。从"为中华之崛起而读书"的少年壮志,到这首气势磅礴的《大江歌》;从为祖国的富强而艰苦求学,到国内革命需要时断然回国,周恩来用自己的人生抉择为自强不息的民族精神作出了最生动的诠释。

"刘翔!处于领先的位置!刘翔!刘翔赢了!刘翔赢了!"所有中国人都会记得2004年雅典奥运会赛场上这激动的呼喊。中国飞人刘翔用12秒91的成绩追平了英国选手科林·杰克逊保持了11年的世界纪录,打破了12秒95的奥运会纪录,让庄严的《义勇军进行曲》第一次响彻奥运会男子田径赛场。在赛后的采访中,刘翔向全世界说出了那句令国人无比振奋的话:"谁说黄种人不能进奥运会前八,我今天就要证明给大家看,我,是奥运会冠军!"

回首往昔,所有中国人更不会忘记,1932年,为维护我国的国际地位,粉碎日本人扶持伪满洲国参加第10届洛杉矶奥运会的阴谋,刘长春作为中国代表团唯一的一名运动员远涉重洋,向世界宣告:奥运会,中国人来了!当他乘坐的邮轮经过神户时,邮报员送来了一封日本体协预祝伪满洲国参加奥运会选手一路顺风大获胜利的电文,刘长春生气地回答"船上只有中华民国的代表,没有伪满洲国的代表",并将电报退还。经过21天的海浪颠簸,刘长春体力大受影响,虽然他只参加了男子100公尺和200公尺的比赛,都在分组中列最后一名,未能晋级,但刘长春孤寂却坚定的背影将永远地铭刻在中国奥运史的第一页。相隔72年,刘翔成为中国飞人,历史以自己独特的方式记录下了中国健儿奋勇拼搏、为国争光的隽永传奇。

“宝剑锋从磨砺出，梅花香自苦寒来。”宝剑锋出杀敌，保家卫国；梅花傲骨留香，成泥护花。面对种种艰难险阻，亿万中华儿女用自己的实际行动展现出民族精神的伟大力量。为个人之远大理想，为民族之光明未来，无论是肉体上的苦难还是精神上的磨炼都无法使我们退缩。意志顽强如莽莽昆仑，顶天立地，步伐坚定如滔滔黄河，九曲不回，这才是龙的传人应有之风骨。

生于忧患，死于安乐

中国古代哲学著作《周易》中讲道：“天行健，君子以自强不息。”意为：茫茫天宇的运行刚健强劲，同样，人也应当效法天道，永不懈怠，力求进步。我们的祖先用这句烙印在中华民族历史最深处的古老格言告诉我们：于困境之中要无惧艰险，奋发向上，于顺境之中更要居安思危，保持忧患意识，才是真正自强不息的“君子”。

《资治通鉴》中记载了这样一个关于“君王”作为“君子”告假回家上坟，回来后对唐太宗李世民说：“臣听说皇上打算去南山游玩，一切已经安排妥当、整装待发，现在居然又不去了，这是为什么呢？”太宗笑答：“朕起初确实有这样的想法，但是担心爱卿你责怪，所以就中途放弃了。”作为一国之君，游山玩水、声色犬马本不足挂齿，但唐太宗却因畏惧魏征的责怪而只得作罢。究其原因，恐怕正是“居安思危”四字。在历经了隋末唐初的连绵战火和“玄武门之变”的血雨腥风之后，登上帝位的李世民没有自满，他对大臣们说：“治国如同治病，即使病好了，也当休养护理，倘若立刻自我放纵，一旦旧病复发，就无法解救了。现在国家幸得安宁，四夷宾服，这真是自古罕有，但是我一天比一天小心谨慎，就是担心这种情况不能长久维持，所以我很希望经常听到你们的进谏啊。”当大唐王朝迎来了被称为“贞观之治”的第一个太平盛世，而居安思危的优秀精神传统也为中华民族开启了自汉朝以来的第二个黄金时代！

阅读材料

以人为镜

魏征去世后，唐太宗十分悲痛，他对身边的大臣们说："夫以铜为镜，可以正衣冠；以古为镜，可以见兴替；以人为镜，可以知得失。魏征没，朕亡一镜矣！"

时代交替，历史又上演了一幕关于"忧患与安乐"的悲喜剧。

李存勖，后唐庄宗。他的父亲晋王李克用临死时交给他三支箭，嘱咐他要完成三件大事：一是消灭世仇梁国朱温；二是讨伐背叛自己的燕国；三是征讨契丹，解除北方边境的威胁。李存勖将三支箭供奉在家庙里，每到出征前就派人祭告，请下那三支箭，放在锦囊中带着上阵，凯旋后就送回家庙，告慰先王。911年，李存勖打败了朱温统帅的50万梁军。接着，他攻破燕国，将燕帝刘仁恭、刘守光父子活捉回太原。9年后他又大破契丹。923年，李存勖称帝，国号为唐，并于同年十二月灭亡梁国，迁都洛阳，统一了中国北方。至此，李存勖基本完成了父亲的遗志。然而称帝后，他认为父仇已报，中原已定，从此不思进取，沉迷戏剧，甚至自取艺名"李天下"，穿上戏装登台表演。926年，魏州发生兵变，李存勖的禁卫军指挥使伶人郭从谦也趁机在京城发动叛乱，李存勖最终死于叛军的乱箭之下。回顾李存勖的一生，前期创业之艰辛与唐太宗李世民何其相似，但他毫无忧患意识，失掉了自强不息的奋斗精神，最终命运与李世民则是天壤之别，仅仅4年的享乐，就使他从建国称帝的辉煌走向身死国灭的凄凉，无怪乎北宋欧阳修慨叹："忧劳可以兴国，逸豫可以亡身，自然之理也。"

滴水藏海，积土成山。只要我们每一个人从自身做起，为个人理想、国家荣誉和民族命运而努力奋斗，民族精神就会得到最真实的呈现。此外，随着全球化浪潮的迅猛发展，面对东方文化与西方文化、传统文化与现代文化的激烈碰撞，在多元开放的当代社会中，我们更应肩负起时代赋予的重任，让中华民族精神在每一名炎黄子孙的身上得到继承和发展，会聚成永不熄灭的民族精神之火，传扬四海，光照千秋。

复兴之基　信心之源

民族精神不仅是个人奋斗的精神支柱，更是支撑着整个中华民族战胜一切艰难困苦的强大动力源。司马迁、李世民、周恩来、刘长春、刘翔……他们都是亿万优秀儿女中的杰出代表！当融化在无数中国人血肉中的民族精神凝结在一起，便铸就了不朽的中华民族之魂。正因如此，中华民族才能于困境中顽强生存，在曲折中不断前行。

阅读材料

《南京条约》

《南京条约》是中国近代史上与外国签订的第一个不平等条约。1842年，清朝在第一次鸦片战争中战败。清政府代表在英军旗舰皋华丽号上与英国签署《江宁条约》，又称《中英南京条约》。条约共13款，主要内容有为：

（一）五口通商。将中国沿海城市广州、福州、厦门、宁波、上海开辟为通商口岸。

（二）强占香港。中国香港岛割让给英国，使得香港成为英国侵略中国的桥头堡。

（三）勒索赔款。中国赔偿英国款项总计2100万元，分4年付清，包括赔偿鸦片费600万元、商欠费300万元、水陆军费1200万元。

（四）协定关税。中国向英国商人征收进出口货物税，必须同英国政府商议。

老大帝国，少年中国

1840年，广州珠江口，英国远征军用坚船利炮敲开了中国的大门，鸦片战争爆发。这支仅有7000人的部队让拥有80万兵力的东方巨人一败再败，泱泱中华的“天朝尊严”被英吉利这个“蕞尔小国”摔了个粉碎，古老的中华民族开始了自己长达百年的屈辱历史。割让香港岛、赔款2100

万银元，鸦片战争为中国带来了历史上第一个不平等条约——《南京条约》。从此以后,割地赔款成为中国对外交往中的家常便饭,一个个不平等条约如同一把把钢刀宰割着中国贫弱的躯体。汉唐雄风早已淹没在历史的尘埃之中,中国,这个拥有五千年悠久历史和灿烂文化的文明古国成了世人眼中任人欺侮的“老大帝国”,如同一个垂暮的老人,走到了死亡的边缘。

然而,在生死存亡的危难关头,中华民族显示出了惊人的生命力,她并没有倒在列强的铁蹄之下,而是昂起自己高傲的头颅,开始了英勇的抗争。

1883 年底,法国入侵越南,进犯中国边境,中法战争爆发。1885 年 2 月,法军侵占镇南关,因兵力不足、补给困难,便炸毁关门,退至文渊、谅山,伺机再犯。撤军时,法军还在关前废墟中插上一块木牌,用汉字写下:“广西的门户已不存在了。”法军撤退后,广西军民则在关前插上木桩,写下“我们将用法国人的头颅重建我们的门户”作为对侵略者的回答。边关告急,清政府令 68 岁的老将冯子材帮办广西关外军务,驰赴镇南关整顿战备。到达前线后,冯子材亲督士卒筑起一道长墙,并在东西山岭修建堡垒多座,构筑了较完整的防御阵地。3 月 23 日,法军 2000 余人,分三路扑向镇南关,攻陷 3 座炮台,并开始向长墙进攻。冯子材沉痛大呼:“法再入关,有何面目见粤人?”率军奋勇拼杀,遏制了法军的攻势。24 日黎明,法军借大雾用重炮猛轰长墙,冯子材号令全军:“有进无退!”在法军先头部队攻上长墙的危急时刻,年近七旬的老将“以帕裹首,赤足草鞋,持矛大呼”,身先士卒跃出长墙,冲入敌阵。全军激奋,一齐杀出,在关前与法军展开了殊死的白刃战。法军全线崩溃,丢下 1000 多具尸体仓皇南逃。冯子材乘胜追击,连破文渊、谅山,毙敌近千,重伤东部法军统帅尼格里。消息传到巴黎,发动战争的茹·费里内阁随即倒台。

近代以来,中国沦为半殖民地半封建社会,面对危难中的祖国,近代民主革命志士,秋瑾救国情切,愤然赋诗:“身不得男儿列,心却比男儿烈!”1904 年,她毅然冲破家庭的束缚,东渡日本求学。留日期间,她积极投入中国留学生的革命斗争,写下了“拼将十万头颅血,须把乾坤力挽回”这样充满革命激情的诗句。1906 年,她由徐锡麟介绍加入了光复会。次年,秋瑾、徐锡麟约定在浙江和安徽同时起义,不料计划泄露。危急之中,同志们劝秋瑾离开绍兴,她只说了一句:“我不入地狱,谁入地狱?”决心为革命献身。1907 年 7 月 15 日,秋瑾从容就义于绍兴轩亭。在腐朽的旧社会,封建专制与礼教是何等森严!而秋瑾作为一个弱女子,凭一己之力冲破思想牢笼,打碎精神枷锁,为追求真理与光明奔走呼号,这又是何等的勇气!

面对中国落后于欧洲的现状,戊戌变法的主要领导人梁启超在《少年中国说》中认为这并不意味着中国垂垂老矣、行将就木,而是说明欧洲列国是壮年之国,而中国则是新生的少年国。他在文中以自己炽热的爱国情怀描绘了祖国光明而远大的未来,并将希望寄托在新一代的中国少年身上:“故今日之责任,不在他人,而全在我少年。少年智则国智,少年富则国富;少年强则国强,少年独立则国独立;少年自由则国自由,少年进步则国进步;少年胜于欧洲,则国胜于欧洲;少年雄于地球,则国雄于地球。……美哉我少年中国,与天不老!壮哉我中国少年,与国无疆!”

这就是中华民族的铮铮铁骨!尽管当时的中国仍处在深重的苦难之中,但当 68 岁的老将“赤足草鞋”杀入敌阵之时,当年仅 32 岁的“鉴湖女侠”从容赴死之时,当变法受挫的梁启超饱蘸浓墨书写“少年中国”之时,我中华民族之蓬勃朝气尽显无遗!民族精神塑造民族自信,民族自信成就民族未来。列强的压迫蹂躏如何?腐朽政府的残酷专制又如何?只要自强不息的民族精神长存,只要人人心中都存有一个“少年中国”,中华民族就定能冲破黑暗,迎来黎明之曙光。

同仇敌忾,力挽狂澜

1931 年,“九一八”事变爆发。因蒋介石的“不抵抗”政策,短短 4 个多月,中国东北 128 万平方公里国土全部沦陷,3000 多万中华儿女成为亡国奴。1935 年日本又发动“华北事变”,妄图将华北变成第二个“满洲国”。1937 年 7 月 7 日,卢沟桥事变爆发,日本全面侵华战争开始。面对日益加深的民族危机,中国共产党以民族利益为重,毅然捐弃前嫌,号召国共两党“为抗日救国的神圣事业而奋斗”,构建抗日民族统一战线。卢沟桥事变后的第二天,中国共产党在《中共中央为日军进攻卢沟桥通电》中大声疾呼:“全中国的同胞们!平津危急!华北危急!中华民族危急!只有全民族实行抗战,才是我们的出路!”1937 年 8 月 22 日,国民政府军事委员会正式宣布中国工农红军一、二、四方面军改编为“国民革命第八路军”，9 月 22 日，国民党中央通讯社发表了《中共中央为公布国共合作宣言》，抗日民族统一战线终于形成。“兄弟阋于墙而外御其侮”，生死存亡之际，国共两党能够携手抗日，这再次证明了民族精神的强大力量。

1940 年 2 月，在长白山区的林海雪原之中，东北抗日联军第一路军总司令杨靖宇将军率领着少数直属部队与日寇重兵周旋。为了保护有生力量，杨靖宇将军决定部队分散突围。几天后，杨靖宇将军身边仅有的两个警卫员在下山寻粮途中被敌人发现，相继牺牲。2 月 23 日下午，日军在吉林蒙江县三道崴子山上发现了杨靖宇。面对日军的劝降，杨靖宇高喊：“共产党员宁死不降！”最终中弹牺牲。当日军剖开杨靖宇的腹部，他们发现杨靖宇的胃中只有枯草、树皮和棉絮。这位钢铁战士就是靠这些与鬼子周旋了整整五昼夜！

在中华民族百年屈辱史中最黑暗的八年里，是民族精神使我们在抗日民族统一战线的旗帜下空前地团结在了一起，是民族精神使我们不畏强敌、不怕牺牲，取得了一百多年来第一次反对外来侵略的伟大胜利。可以说，中国人民抗日战争的胜利就是中华民族以爱国主义为核心的民族精神的胜利！

自强不息　中华崛起

发扬自强不息的民族精神，对我们每个人来说，就是要做到逆境中不气馁，顺境中不懈怠，而对整个民族来说又何尝不是如此？正是靠着这简单却深刻的两句话，才有了新中国的成立，才有了改革开发的伟大创举，中华民族才能从屈辱走向崛起。

居安思危，革故鼎新

1949 年 3 月 23 日，解放战争就要迎来最后的胜利，这一天，毛泽东率领中共中央机关由西柏坡出发赶往北京。临行前，毛泽东对周恩来说：“今天是进京的日子，进京赶考去！”周恩来笑着说：“我们应当都能考试及格，不要退回来。”毛泽东说：“退回来就失败了，我们决不当李自成，我们都希望考个好成绩。”十多天前，正是这位将共产党进京执政比作“赶考”的领袖在党的七届二中全会上向全党同志指出:“中国的革命是伟大的,但革命以后的路程更长,工作更伟大,更艰苦。这一点现在就必须向党内讲明白,务必使同志们继续地保持谦虚谨慎、不骄不躁的作风,务必使同志们继续地保持艰苦奋斗的作风。”

毛泽东提出的这“两个务必”就是“西柏坡精神”的主要内容。它说明,中国共产党没有被革命的胜利冲昏头脑,而是清醒地意识到党的中心任务已由革命战争转向和平建设,党的工作中心应从乡村转向城市。面对这一历史性的转变,中国共产党人必须制定出完整的建国方略和执政策略,经受住新的考验。

1978年12月的一个冬夜,安徽小岗村的18位农民在一份秘密契约上按下了鲜红的手印。契约的内容是这样的:“我们分田到户,每户户主签字盖章,如以后能干,每户保证完成每户全年上缴的公粮,不在(再)向国家伸手要钱要粮。如不成,我们干部坐牢杀头也甘心,大家社员也保证把我们的小孩养活到18岁。”他们没有想到,实行“分田到户”的“大包干”一年后,小岗村发生了巨大变化。1979年全队粮食总产13.3万斤,相当于1955年到1970年粮食产量总和;油料总产3.5万斤,相当于过去20年产量的总和;人均收入400元,是1978年的18倍。他们更不会想到,这份“生死契约”成为了中国改革开放的第一声号角。在那个冬夜里,中国农民以“敢为天下先”的首创精神为“春天的故事”写下了序言。

1978年11月,邓小平在中央工作会议上作了题为《解放思想、实事求是,团结一致向前看》的发言,他说:“一个党、一个国家、一个民族,如果一切从本本出发,思想僵化、迷信盛行,那它就不能前进,它的生机就停止了,就要亡党亡国,如果现在再不实行改革,我们的现代化事业和社会主义事业就会被葬送。”1978年12月18日,党的十一届三中全会胜利召开,会议否定了以阶级斗争为纲的指导思想,作出了把工作重点转移到现代化建设上来和实行改革开放的战略决策。这次会议是党在新中国成立以来历史上具有深远意义的伟大转折,中国从此进入了改革开放和社会主义现代化建设的历史新时期,中国共产党从此开始了建设中国特色社会主义的新探索。在全国范围推广家庭联产承包责任制,建立深圳、厦门、珠海、汕头经济特区,建立和发展社会主义市场经济……改革开放的滚滚春潮席卷了神州大地,大江南北、长城内外,一片生机勃勃。

如今的西柏坡纪念馆,保存着这样一张普通的收据,上面写着:“交费单位:胡锦涛;项目:五日至六日餐费;总计:三十元。”这是胡锦涛在西柏坡考察时结算的饭费。2002年12月5日,胡锦涛同志在就任中共中央总书记仅20天后,就冒着大雪来到西柏坡调研。胡锦涛指出:“历史和现实都表明,一个没有艰苦奋斗精神作支撑的民族,是难以自立自强的;一个没有艰苦奋斗精神作支撑的国家,是难以发展进步的;一个没有艰苦奋斗精神作支撑的政党,是难以兴旺发达的。在我们党80多年的历程中,艰苦奋斗的精神始终激励着我们顽强进取、百折不挠,在各种困难和考验面前巍然屹立、敢于胜利。我们党是靠艰苦奋斗起家的,也是靠艰苦奋斗发展壮大、成就伟业的。艰苦奋斗作为我们党的优良传统和作风,作为我们马克思主义政党的政治本色,是凝聚党心民心、激励全党和全体人民为实现国家富强、民族振兴共同奋斗的强大精神力量,是我们党保持同人民群众血肉联系的一个重要法宝。”

60年时光流逝,中国共产党人的“赶考”意识却始终没有褪色。在新时期,中华民族居安思危的精神传统在中国共产党的身上得到了传承与发扬。一个没有忧患意识,不知自我反省的民族是没有前途的。正因认识到了这点,中国共产党才没有在执政后被资产阶级的“糖衣炮弹”打败,才能够保持自己的蓬勃朝气、昂扬锐气和浩然正气,将中国特色社会主义事业不断推向前进。

改革开放以来的30多年,中国国民经济飞速发展,人民生活水平大幅提高,综合国力日益增强。到2010年,中国已经成为仅次于美国的世界第二大经济体,中华民族以崭新的姿态屹立于世界民族之林。然而,面对举世瞩目的巨大成就,中国人民没有停下自己的脚步。2012年3月5日,十一届全国人大五次会议上,温家宝总理在近2个小时的政府工作报告中60多次提到了“改革”一词,他指出,改革开放是决定中国前途命运的正确抉择。要以更大决心和勇气继续全面推进经济体制、政治体制等各项改革,破解发展难题。回眸过去,革故鼎新的改革创新精神在小岗村的冬夜中点燃了中华崛起的希望之火;展望未来,这火焰必将越烧越旺,照亮民族复兴的伟大征程。

1978 年到 2010 年中国各项指标居世界位次的变化

指标＼年份	1978	1990	2000	2005	2010
国内生产总值	10	11	6	5	2
进出口总额	29	15	8	3	2
钢产量	5	4	1	1	1
煤产量	3	1	1	1	1
发电量	7	4	2	2	1
原油产量	8	5	5	5	4

(数据来源:《中国统计年鉴 2011》)

继往开来,勇攀高峰

2008 年 8 月 8 日晚,气势恢宏的国家体育场——“鸟巢”座无虚席,9 万多名来自世界各地的观众们相聚于此, 共同庆祝第 29 届北京奥运会的开幕。“有朋自远方来,不亦乐乎!”2008 名演员反复吟诵着这句《论语》中的名言,配合着雄健的形体动作击缶高歌,豪气万丈。一个崛起中的泱泱大国的宽广胸襟和磅礴气势在这一刻得到了淋漓尽致的展现。

从 1840 年国门为侵略者所破,丧权辱国,到 1898 年康有为、梁启超戊戌变法失败,改革无望;从 1912 年中华民国成立,曙光微现,到 1916 年后军阀割据,乱象丛生;从 1937 年抗战全面爆发,国共携手御敌,到 1949 年新中国成立,人民翻身解放;再从 1978 年十一届三中全会召开,改革开放,到而今中国繁荣昌盛,万事皆兴。170 余年的光阴间,中国经历了大落也迎来了大起,其间有多少艰难困苦的阻碍,又有多少百折不挠的故事。这一切既是历史的深刻回忆更是未来的珍贵财富。

当今中国,国富民强,朝气蓬勃,但我们的问题仍有不少。要发展、要前进、要崛起、要复兴,这些问题必须得到妥善解决。艰苦奋斗是华夏儿女代代相传的优秀品格,自强不息是中华民族弥足珍贵的精神财富。让我们站在前人的肩膀上,放眼远眺,勇攀高峰求上进,继往开来续新篇!

与时俱进　独树一帜
——民族复兴的风向标

> 凡一国之能立于世界,必有其国民独具之特质,上自道德法律,下至风俗习惯文学美术,皆有一种独立之精神。祖父传之,子孙继之,然后群乃结,国乃成。
>
> ——梁启超

从危亡到复兴,从传统到现代,从封闭到开放……中国共产党成立90多年来、新中国成立60多年来、改革开放30多年来,中国共产党和中国人民始终秉持以爱国主义为核心的民族精神,与时俱进,独树一帜,在中华民族伟大复兴的道路上一往无前,愈挫愈奋,再接再厉,完成了近代以来中国人民和无数仁人志士梦寐以求的民族独立、国家解放、人民当家做主的历史任务,开启了中华民族发展进步的历史新纪元,取得了举世瞩目的现代化建设成就,谱写了中国发展的辉煌篇章。正是爱国主义为核心的民族精神的引领,才竖起了中华民族伟大复兴的一座座丰碑,成为中华民族伟大复兴的风向标。

民族形象　世界认同

龙的传人

"古老的东方有一条龙,它的名字就叫中国。古老的东方有一群人,他们全都是龙的传人……”歌声响起，我们仿佛看到承载着五千年文明的两条大河滚滚东流，随着波涛起伏，源远流长、饱经沧桑的中华文明呈现出一幅波澜壮阔的磅礴历史图景。所有有着黑眼睛黑头发黄皮肤的人仿佛都看到饱经沧桑、闪烁智慧的中国正从远古走来，她擎天一柱，大踏步地走向未来……龙的传人的自豪感、中华民族一分子的归属感油然而生，在浓重而炽烈的爱心中升腾、荡气回肠。

作为龙的传人，我们知道，“龙”其实不是一种真实的动物，它只存在于中华民族的神话和传说之中，它之所以备受国人崇敬，是因为它在我们心中，永远都是出类拔萃、变幻万千、无所不能的神。龙之所以“出类拔萃、无所不能”，是因为它会聚了中华儿女的全部美德和智慧，是我们中华民族共有的图腾！

龙的奇特形象经过了不同时期、不同民族、不同地域图腾形象的融合会聚，成为凝聚中华儿女的精神纽带。无论是从时间维度还是空间维度上，龙都切实反映了中华民族的融合统一过程。更重要的是，这一形象从百花齐放到走向趋同，在保留某些基本特征的同时，又经历不断改造、锤炼与凝聚，体现的正是我们中华儿女与时俱进的不懈精神追求。

正是在中华民族的历史发展和融合过程中，中华大地上繁衍生息的各个部落民族将各自最优秀的品质融入“龙”的形象之中，多种龙的形象经过历史的不断加工、深化，融汇为一种样貌，于是就有了这样一个在现实中本不存在的“龙”，并成为中国人的共同印记。龙的形象承载了中华民族由古至今的太多期许，作为中华儿女的精神偶像，龙这一形象已经深深地刻在了中华民族每个炎黄子孙的心灵深处，已经深深根植于中华传统文化和民族心理之中，它会聚了中华民族的美好愿望，寄托着中华大地的希望，赢得了所有炎黄子孙的景仰，成为每一个中国人——龙的传人——的精神归宿。

“中国龙”形象随着历史的发展进程不断融合、升华，这样的历史融合过程不仅反映了中华民族海纳百川的博大胸襟，更是彰显了中华民族的优秀品格——会聚所有优秀文明为我所用。在历史发展过程中，我们的先辈坚守自己的精神信仰，并汲取优秀的图腾精神让“中国龙”形象与时俱进，让我们的民族精神更加宏阔，彰显别样风采！

中国力量能让世界动容

孙中山先生曾感叹:中国人是一盘散沙!台湾学者柏杨先生也曾说:在一对一的个别较量中,中国人绝对能单枪匹马杀得七进七出,可是一旦进入群体的较量,如两个中国人对两个洋大人,或两个以上的中国人对两个以上的洋大人,中国人就吃不住、顶不过。用中国的一个沙砾跟洋大人的一个沙砾较量,中国的沙砾不弱于洋大人的沙砾,但用中国的一堆沙砾跟洋大人一堆沙砾做成的水泥较量,洋大人的水泥可是坚硬如铁。

日本人也曾说:"一个中国人是一条龙,三个中国人是一条虫;一个日本人是一条虫,三个日本人是一条龙。"

所有的言语都指向一个焦点:那就是中国人不合作,中国人不团结!中国人是窝里斗!可是事实果真如此吗?听听危亡时发出的民族呐喊,看看灾难中迸发出的中国力量,我们的自信可以掷地有声:中国是一条巨龙!

2008年5月12日,中华儿女在地动山摇中会聚于汶川,谱写出一曲曲悲壮的生命之歌……2008年5月19日,华夏儿女在天悲地恸中齐聚天安门,齐呼中国加油,声音响彻晴空……当这样的场景不止一次地出现在你面前时,你还能说中国人是一盘散沙吗?你还能说合起来的中国人是一条虫吗?相信你所能感受到的是一种荡气回肠的爱国之情,你所能体验到的是不屈的民族精神,你所能看到的是有力的民族脊梁,你所能听到的是铿锵有力的民族旋律的回响。

这样的爱国情怀与民族精神让世界震撼,更让世界感动!

"这是一个摧不垮的民族,"西班牙《世界报》这样评价道,"近年来,亚洲地区成为一个多灾多难的地区:菲律宾的台风、印度洋的海啸、巴基斯坦的大地震和缅甸的热带风暴。在这任何一场灾难中都未曾看到过像中国这样的举国动员的能力、勇往直前的决心和强大的团结互助的精神。毋庸置疑,这个民族表现出的精神与力量将使它在前进的道路上坚不可摧。"

新加坡《联合早报》在题为《四川地震与中国民族精神的再现》中说:四川大地震再次使中国成为世界关注的焦点。世界在关切中国,中国在感动世界。感动世界的不是地震本身，而是中国人在面临灾难时所显现的民族精神，是赈灾过程中不同的角色所写下的一个个有关人的故事。这些故事正在形成一个巨大无比的"人"字。正是这个"人"字，体现出了中华民族的精神核心。

德国《明星》周刊称，"在中国，强烈的爱国主义情绪与帮助地震灾民的愿望融合在一起，中国人从没像今天这么团结过。原来，真正经历过的人才知道，所谓的众志成城抗灾，在中国人民抗震救灾中不只是一个口号，城市的团结，中国老百姓善心激发以后的表现，会让你动容。"

俄新社播发评论说：一个总理在两个小时内就飞赴灾区的国家，一个能够出动十万救援人员的国家，一个企业和私人捐款达到数十亿元的国家，一个因争相献血、自愿抢救伤员而造成交通拥堵的国家，永远不会被打垮，希望必将与中国同在！

……

是的，中华民族是摧不垮、压不倒的民族，五千年文明的薪火相传证明了这一点，大灾面前的屹立不屈更让世界见识了一个充满凝聚力的中国！让世界看到了中华民族复兴的伟大力量！"我们万众一心，冒着敌人的炮火……"今天，当"敌人的炮火"基本不在时，生活在安宁和平中的人们已经很少能感受到团结的力量，但灾难改变了一切。如果说之前的"团结"还更多停留在精神层面的话，中国人在灾难中用实实在在的行动诠释了中华民族的这一优秀品格。从白发苍苍的老人到稚气未脱的少年、从明星到普通民众、从城市到农村，成千上万人甩开胳膊去献血，直到血库爆满，献血不得不提前预约；成千上万的人打开钱包，主动地为灾区捐款，超过400亿元的国内外捐款，让不少外国人瞠目结舌。中国人的团结和热情，在灾难中集体喷薄而出，血浓于水的情意，在大灾面前体现得淋漓尽致。

一名学生在天安门广场告诉CNN记者："作为中国人，我们必须团结起来，中国一定能行！"在2008年的这个夏天，印有"我爱中国"的T恤在中国人中风行，而北川中学废墟上那面迎风招展的五星红旗更是一幅震撼人心的标志性画面……

这样的场面、这样的力量不仅仅发生在汶川地震中，在玉树地震中、在舟曲泥石流灾难中、在迈向中国特色社会主义事业的伟大征程中都在回荡……

沃伦斯坦曾经怀疑“西方世界”是否存在，亨廷顿也曾经疑虑地问美国人“我们是谁”？而中华民族，无须怀疑。如果我们大声地问一句，中国人在哪里？恐怕从汶川、玉树、北京，从中国的任何一个角落乃至世界华人群体中都会传来回声：我是中国人！如果我们要问一句，中国力量在哪里？在“中国人民从此站起来了”的声音里、在改革开放的伟大成就里，甚至在灾难的废墟里，都有中国力量的涌动。

听！那是刘德华的深情演绎。不！是中华民族的深情演绎：“五千年的风和雨啊藏了多少梦，黄色的脸黑色的眼不变是笑容；……一样的泪一样的痛，曾经的苦难我们留在心中；一样的血一样的种，未来还有梦我们一起开拓；手牵着手不分你我昂首向前走，让世界知道我们都是中国人！”

独树一帜　屹立世界

从独立到自立

1949年9月21日，在中国人民政治协商会议第一次全体会议开幕式上，毛泽东代表中国人民豪迈地向世界宣布：占人类总数四分之一的中国人民从此站立起来了！“我们的民族将再也不是一个被人侮辱的民族了，我们已经站起来了。”这是中国人民终结屈辱和苦难历史的庄严声明，也是中华民族巍然屹立于世界的政治宣言。从此，勤劳智慧的中华民族开始探索中国富强的道路，使中华民族一步步走向伟大复兴。

新中国成立后，迅即展开了大规模的经济恢复和重建工作，经过短短三年时间，基本上恢复了正常的经济秩序，人民群众步入了正常的生活轨道。1953年底，随着国民经济恢复任务的基本完成，在中国共产党的领导下，热情高涨的中国人民在全国范围内掀起了对传统经济的社会主义改造。至1956年，随着对农业、手工业、资本主义工商业改造的完成，初步建立了生产资料的社会主义公有制，标志着社会主义制度在我国初步确立。

1956年中共八大的召开标志着中国共产党领导中国人民开始了对

建设中国特色社会主义道路的探索。其间尽管由于国际国内形势的干扰,我们自身社会主义建设经验的不足以及长期受"左"的思想的影响,使社会主义建设道路的探索一波三折,但是我们还是取得了重要的建设成就,不仅完成了各种重大建设项目,建立起独立的工业体系和国民经济体系,而且在高科技领域取得了一批重要成果,国民经济实力大大提升。

新中国成立以后,积极展开了同世界各国各民族的交往。中国政府倡导并奉行的独立自主和平外交政策受到广大亚非拉发展中国家的欢迎和尊重,很快打开了与发展中国家的外交局面。发达国家,尤其是在进入 70 年代以后, 大都积极改善同中国的关系, 中国外交新局面逐步打开。中国在亚洲、非洲、拉丁美洲等广大发展中国家的支持下,重返联合国并成为安理会常任理事国。不仅挫败了美国制造"两个中国"或"一中一台"的阴谋,而且打破了超级大国把持联合国和操纵国际事务的局面,为实施《联合国宪章》,维护世界和平与安全,增进国际合作和人类社会进步提供了重要保证,中国在国际舞台上发挥日益重要的作用,国际地位和国际影响力迅速提高。

20 世纪 70 年代末 80 年代初,随着国际形势的变化,和平与发展逐步成为时代主题,以邓小平为核心的中国共产党人敏锐地认识到这一变化,并紧紧抓住和平发展这一时代主题,拉开了中国改革开放的序幕,开始了开创中国特色社会主义道路的伟大实践。正如邓小平在中共十二大开幕词中所强调的:"我们的现代化建设,必须从中国的实际出发。无论革命还是建设,都要注意学习和借鉴别国经验。但是,照抄、照搬别国的经验、别国模式,从来不能得到成功。这方面我们有过不少教训。把马克思主义的普遍真理同我国的具体实际结合起来,走自己的道路,建设有中国特色的社会主义,这就是我们总结长期历史经验得出的基本结论。"中国特色社会主义命题的提出,标明了中华民族在独立之后又踏上了一条新的自立自强之路。

有着"宁为玉碎,不为瓦全"光荣传统的中国人民,终于在中国共产党的领导下坚挺地站起来了;经过风风雨雨无数磨难,铸就了中国人民"不怕压,不怕迫"的刚毅自立性格。

中国特色社会主义

中国特色社会主义让中国走出了一条属于自己的发展道路，属于中国人民的幸福之路。这条路让国家繁荣富强，让中国人民有坚强的后盾；这条路让国人生活幸福，令国民在世人面前更有尊严……

中国特色社会主义是党领导全国各族人民90多年奋斗、创造、积累的根本成就。在波澜壮阔的改革发展实践中，我们开辟了中国特色社会主义道路，形成了中国特色社会主义理论体系，确立了中国特色社会主义制度。中国特色社会主义是当代中国发展进步的旗帜，也是全党全国各族人民团结奋斗的旗帜；中国特色社会主义道路，是实现社会主义现代化的必由之路，是创造人民美好生活的必由之路；中国特色社会主义理论体系，是指导党和人民沿着中国特色社会主义道路实现中华民族伟大复兴的正确理论；中国特色社会主义制度，是当代中国发展进步的根本制度保障，集中体现了中国特色社会主义的特点和优势。在中国特色社会主义理论体系指引下，沿着中国特色社会主义道路，我们绘就了经济总量高位跃升的“中国轨迹”，创造了不断保障改善民生的“中国奇迹”，写下了迎战国际金融危机的“中国答卷”，推动着中华民族从自立走向复兴。

众所周知，落后就要挨打，一个民族唯有自强才能自立于世界民族之林。一个不能在世界民族之林立足的民族将不能为自己的人民撑起一把强大的保护伞、做人民坚强的后盾，也不能为自己的人民赢得宝贵的尊严。今天中国的强盛和国际地位的提升已令中国人充满“自立于世界民族之林”的自信。

在“为四川孤儿献爱心”的募捐活动上，唐山孤儿张有路说：“我是孤儿，没爹没妈，但好像从没孤单过，因为有祖国这个大家庭，‘家’里的人都会帮助我……”

2010年玉树地震后，结古寺僧人、藏传佛教寺庙僧侣佛学院教授昂嘎望着忙碌而又井然有序的救援场面动情地说：“我看到了国家的力量！”

2011年3月，中国政府派出飞机、军舰，上演了史无前例的利比亚华侨大撤离，把3.5万多名中国公民接送回国，使他们成功脱离利比亚战争险境。在彰显中国国力的同时,更捍卫了中国人的尊严。

……

从唐山到汶川、从汶川到玉树、从玉树再到舟曲,透过一次次的抗震救灾,你能感受到的是一种撼天动地、举世瞩目的社会主义中国的"国家力量"!这力量让整个民族一起行动起来,以中华民族的名义同各种灾难做斗争!

于是汶川发生地震后,有切肤之痛的唐山孤儿对灾区人民说:"有祖国就永远不孤独!"

于是就有利比亚大撤退人员踏上祖国土地时流下的幸福泪水,"祖国万岁"那发自肺腑的真情道白让所有中国人热泪盈眶、热血沸腾。因为我们深深感受到了祖国的温暖、祖国的强大!

中国特色社会主义道路

被誉为"民族精神之父"的18世纪德国哲学家赫尔德曾经说:"每一种文明都有自己独特的精神——它的民族精神。这种精神创造一切,理解一切。"

如果要问,为什么在灾难来临时,我们总是整个民族在行动?为什么越是灾难临头,中国便越是迸发出一种强大的凝聚力?是民族精神!是正在开创中国特色社会主义道路的中华民族的民族精神!

每一次重大灾难面前的举国驰援都充分凸显了社会主义集中力量办大事的制度优势,同样也展现了中国人民坚持中国特色社会道路、坚持改革开放所积累的强大综合国力,这一切汇集成震撼世界的"中国力量",谱写了一曲又一曲自强不息的民族乐章。所有这一切都是因为中国特色社会主义所具有的强大制度优势,它能最大限度地调动各方面的积极因素,筑起有效抵御危机灾难的钢铁长城,这一切都是因为我们坚定不移、大踏步地行进在中国特色社会主义伟大道路上。

追溯近代以来中国先进分子寻求国家出路、探索救国真理的历程,可以清楚地看到,把爱国主义的理想追求同争取社会主义的前途相联结,走中国特色社会主义道路,是中国历史不可抗拒的发展轨迹。

早在20世纪初,中国早期马克思主义者李大钊就说过:社会主义的理想,"因各地、各时之情形不同,务求其适合者行之,遂发生共性与特性结合的一种新制度,故中国将来发生之时,必与英、德、俄……有异”。这个思想的深刻性以及它对于中华民族争取民族独立和国家富强的重要价值,不仅为中国共产党在新民主主义革命时期开辟农村包围城市道路的大智大勇所证实,更为今天能够提出建设中国特色社会主义这个崭新命题所印证。

值得骄傲的是,经过几代人的浴血奋斗,我们建立了共和国;经过三十多年的改革开放,我们走向了繁荣富强。我们的经济得到了高速发展,人民的物质文化生活水平得到了极大提高, 实现了香港和澳门回归,祖国统一大业不断向前推进, 中国在国际事务中发挥着越来越重要的作用。世界的发展离不开中国,中国的发展有利于世界的稳定和繁荣,中国再不是一百多年前任人宰割、受人欺负的旧中国,她正焕发出无限的生机与活力,她的日益强大和繁荣为中华儿女赢得了尊严!

中国前国家副主席、著名实业家荣毅仁在1993年回顾自己和自己家族的经历时,说了这样一段感人至深的话:我在旧社会继承父辈事业的十几年中, 即便以我们当时所具有的较大的资本和较高的社会知名度,乃至与当权者的交谊,最终也未能幸免于日本侵略者造成的劫难和国民党腐败政权的压榨,别的民族工商业者还能有什么更好的出路?事实说明,资本主义道路在中国,就只能是殖民地、半殖民地道路。而这条道路对每个真正要做独立的、正直的中国人的工商业者来说都是穷途末路。

无数事实雄辩地证明,中国特色社会主义道路是中华民族走向复兴的必由之路! 正是中国特色社会主义道路给予了国家强大的整体力量,给予了国家发展的活力与激情,给予了国家光明的希望和未来。

独树一帜的中国特色社会主义道路就是中华民族自立于世界民族之林的中国性格!

与时俱进　民族复兴

自古以来,中国人就不墨守成规、故步自封。《易·损》中“损益盈虚,与时偕行”,《周易·贲》中“观乎天文,以察时变”,都表现出对“时”的重视与敬仰。人类要想克服怠惰,避免祸乱,就要不断发展,不断创新,就必须审视时势，紧跟时势变化。炎黄子孙“与时偕行”的品格在民族精神千百年来的不断创新发展过程中举足轻重，正是这样一种品性使得我们中华民族历尽劫难仍巍然屹立！

民族精神的不断升华

历史的发展总是有着自身的脉络。中国龙形象的形成反映了中华民族精神血液中汩汩涌流的开拓创新精神，这种开拓创新是中华民族的深层精神底蕴。在这种底蕴之上，中华民族不断吸纳每一时代的精神气息，让自己的精神更加伟岸、更加坚不可摧！

在五千年生生不息的历史长河中，中华民族形成了以爱国主义为核心的民族精神。无论是“乐以天下，忧以天下”的家国天下情怀，还是“苟利国家生死以，岂因祸福避趋之”的大无畏牺牲精神，都深深扎根于中华大地之中。中华民族所以能历经磨难而信念愈坚，饱尝艰辛而斗志更强，创造出灿烂的中华文明，以爱国主义为核心的民族精神始终是其重要的力量源泉。

中华民族自古以来就有重民、爱民的传统。“民为邦本，本固邦宁”，语出《尚书·五子之歌》；“民为贵，社稷次之，君为轻”，语出《孟子》；唐朝魏征说“水能载舟，亦能覆舟”；中国古人又云“国之兴也，视民如伤，是其福也；其亡也，以民为土芥，是其祸也”。所有这些都是重民、爱民的民本思想体现。

但翻阅历史，却没有哪个时代能像我们今天这样，将“以人为本”上升为社会的核心价值和国家理念，并将之写上时代的旗帜！于是我们看到，灾难发生时，中华民族蕴蓄沉淀的“以人为本”的民族精神在人民、党和国家各个层面上瞬间全面迸发！

“人民生命高于一切！”正是因为对人的价值的重视，所以无论是汶川地震还是玉树地震，每一次重大灾难，党中央、国务院都在第一时间果断决策，紧急号令。贯穿其中的主题只有一个：“第一位是救人！”“一线希望，百倍努力”，在这个世界上，没有其他任何事物能够像对人的关怀那样体现一个民族的民族精神，灾难面前举国动员的生死营救彰显了生命至上的民族精神和“以人为本”的国家理念！

一向挑剔中国的西方媒体面对一次次的中国救灾行动向我们表示

了集体的敬意！新加坡《联合早报》说：感动世界的不是地震本身，而是中国人在面临灾难时所显现的民族精神，是赈灾过程中不同的角色所写下的一个个有关人的故事。这些故事正在形成一个巨大无比的“人”字。正是这个“人”字，体现出了中华民族的精神核心。

当代表国家形象的国旗面向遇难的黎民百姓低首，诠释的是一种国家对人民及其生命尊严的态度。从汶川地震、玉树地震再到舟曲泥石流灾害，短短几年间，我们因为普通公民的殇难而全国哀悼，以共和国的最高礼仪，表达对那些平凡者的尊重，告慰逝者，抚慰生者。

2008年5月19日，全国哀悼。五千年中国文明史上，第一次，普通百姓可享国哀。2010年4月21日，为表达对青海玉树地震遇难同胞的深切哀悼，国旗再一次为黎民百姓而降！2010年8月15日，举国沉痛哀悼在甘肃舟曲特大泥石流灾难中的遇难者！

当国旗缓缓垂下，人的尊严便冉冉升起，一个国家的品格提升到了新的高度。“国之兴也，视民如伤。”一个以人为本的政府，履行最庄严的承诺；一个把人的生命摆到最高位置的社会，刻下迈向现代文明的标记。进步的中国对人民生命的尊重，是发展中的中国人文精神的提升，是开放中的中国走向世界的见证，是一个历经磨难的民族精神的升华。

恩格斯说：“没有哪一次巨大的历史灾难，不是以历史的进步为补偿的。”这种补偿，从长远来看，就在于提升抗争的精神价值，将战胜劫难的智慧与勇气融入民族精神的血液之中！这一次，以人为本的国家理念清晰地镌刻在了中华人民共和国鲜艳的五星红旗之上！

当奥林匹克运动会第一次来到中国，中华民族精神在同奥林匹克精神的对接中又一次升华。如果说灾难中我们将大写的“人”字深深地刻在了国旗之上，让爱国主义的民族精神散发出人本主义的光辉！那么“鸟巢”之中，我们则将历史悠久的奥林匹克文明与源远流长的中华文明相交汇，让中华民族精神与现代奥林匹克精神在对接、互补中升华！

北京奥运会的绿色奥运、科技奥运、人文奥运三大理念在弘扬奥林匹克精神的同时也开创了中华民族精神的现代新形态。绿色、科技、人文这些关乎民生的理念带来了北京的成长、中国的进步，在实践中提升中国人的生态意识、科学精神与人文素养。三大理念从有形到无形，使奥林匹克精神全面融入中国人的生活，塑造了中华民族昂扬向上的气质，展现了一个国家团结奋进的形象。

这是一个变动不居的时代，这是一个日新月异的时代，每一种事物都处于激荡之中，变动激荡中伴随着沉淀、凝聚乃至升华，中华民族精神亦不例外。

中华民族的伟大复兴

先讲一个发生在20世纪60年代的小故事：有一位国民党将领，从大陆败退到台湾后，因为是败军之将，不被重用了。20世纪60年代，他辞职去了南非，靠做点小生意过日子。与美国一样，那时候的南非还奉行种族隔离政策，甚至比美国还严格。黄种人是有色人种，在公共汽车上必须坐后排座，前排的座位属于白种人。1964年10月17日，这位先生乘公共汽车，上车后他习惯地往车后面走。司机对他说，你可以坐前排了，不用去后面了。老先生非常诧异，说："我是中国人。"司机说："我知道，我看出来了。"老先生说："那，我不就应该坐在后面？"司机说："难道你没看今天的报纸？昨天中国成功爆炸了一颗原子弹。能造出原子弹的民族当然是优等民族。从今天起，中国人都可以坐前排座。"老先生一下子泪流满面……

老先生之前下意识地去后排就座与之后的泪流满面在让人感到心酸的同时，更让人明白了只有祖国的强大，漂泊在外的中国人才会有尊严，正所谓家国两相依，"国荣我荣、国辱我辱"。无疑，1964年中国西北部升起的蘑菇云震惊了世界，对中国人来说，这是一种掷地有声的宣言：中国再也不会受到外国人的凌辱，中国将掌握自己的命运！中国的进步与发展给老先生带来个人尊严的同时，也挣来了一个民族整体的尊严。

这个故事充分表明，国家的强大是保卫国人利益最坚固的屏障！而当这样的成就和行为不断震撼世界时，中国人强烈的国家认同感和归属感已经让民族自豪感和爱国成为一种行为自觉。

2010年1月4日，美国《商业周刊》发表了一篇题为《在中国，自豪感是驱动力》的文章，在这篇文章中，作者说：

> 中国人的自豪感深深植根于中华民族的内心深处……我第一次领教到这种自豪感之深是在20世纪90年代初。当时，

我来到北京，认识了一位倾向于批评当局的教授。我不记得他曾表达过对中国政治体制的任何肯定，于是有一天在城郊一处清静的山峰上，我毫无顾虑地表达了对美国支持悉尼而非北京申办2000年奥运会的赞同。我说，美国政府希望借此惩罚中国政府。

当时只有我们两人，我满以为他会热情支持美国投反对票，但他的反应却令我瞠目结舌。他言辞激烈地指责我："你们这些愚蠢的美国佬，你们侮辱了中国，你冒犯了我！"他表情严肃地盯着我，似乎是我投了反对票，继续说："你们国家太愚蠢了！这对我们国家是莫大的侮辱！"

这些刺人的话语我可能永远也不会忘记，它尖锐地揭示了中国人真正重视的是什么。中国人的自豪感——对祖国、对文化、对历史的自豪感；对经济实力、个人自由和国际地位的自豪感；还有对不断增强的军事实力的自豪感——是最基本的特性，你会不断感受到它……

没错，当"鸟巢"中雄壮的国歌声一次次响起时，中国人的民族自豪感和自尊心得到了最大的展现。是的，我们不再是"东亚病夫"，所有的中华儿女都在致力于国家复兴，我们是觉醒的雄狮，腾飞的东方巨龙！

或许有人会问：中华民族复兴的希望在哪里？中华民族复兴的力量又在哪里？

提出这样的疑问倒也不是空穴来风，"80后"——20世纪80年代出生的年轻人，这是一个庞大的群体，已经成为建设国家的主力军。但是这个群体却饱受争议，他们成长于优越的环境之中，常常以自我为中心，缺乏吃苦精神更缺乏责任意识，这是"生活在糖水中"的一代，有的媒体甚至称他们是"垮掉的一代"。但他们真的是浮躁功利、过于自我、缺乏责任感、难以肩负重任的"垮掉的一代"吗？

2008年，这一年"80后"以集体身份登场，其展现的爱国热情和责任意识让所有的疑虑灰飞烟灭！

在这一年，从"全球华人反藏独大签名"，到MSN"爱中国"红心大联合，再到"ANTI-CNN"网站的创建，从抵制"藏独"、弘扬"奥运"精神到抗震救灾等，无处不活跃着“80后”的身影，他们的爱国热情让国人动容，他们的责任意识让长辈刮目相看，在大人眼里他们似乎一夜长大了。

在访问中国之后，英国前首相托尼·布莱尔在《我们可以帮助中国拥抱未来》的演讲中表达了对中国未来的信心，他说：“北京奥运会之壮观强有力地震撼了人们的视听。不过，给我留下最深刻印象的是在开幕式前对一家新成立的中国互联网公司的非正式访问，以及与一些中国年轻企业家的交谈。这些中国人，无论男女，都非常聪明、敏锐和坦率，不怕就中国及其未来发表自己的看法。尤其是，他们充满自信和乐观，不愤世嫉俗，表现出积极进取的精神，这使我想起鼎盛时期的美国和奋勇向前的其他任何国家。这些人没有恐惧，而是满怀希望地憧憬未来。”

“中国(年轻)人所表现出的这种精神将决定着中国的未来。”布莱尔知道，决定一个国家一个民族未来的是这个国家的年轻一代！

无论是在奥运火炬传递、争做志愿者的过程中，还是在汶川地震灾难中，青年人的心都和国家一起跳动，他们迫切地用自己的行动来表达对国家和民族的情感，于是我们看到了以残弱身躯护卫奥运火炬的金晶，我们看到了面对随时可能坍塌的楼房废墟跪求让自己再进去救人的荆利杰，我们看到了5000米高空跳伞的“80后”，我们看到了徒步急行军挺进的“80后”，我们看到了呈现无私奉献志愿精神的“80后”……

这些在改革开放新时期成长起来的一代人，人们曾经认为他们一帆风顺，经不起风浪，扛不起重担。然而，在祖国需要时，他们英勇地站到了共和国的前线，用实际行动证明了自己。

面对灾难中勇于担当的“80后”们，西方媒体给予了高度的评价。美国《新闻周刊》评论说，“80后”以此次大地震为契机展示了他们对国家和社会事务的关注。新加坡《联合早报》说，“地震重塑中国‘80后’的国际形象……中国年轻人会获得复杂的感受，进一步让他们成长、成熟”，他们会“全面看到国际社会对待中国的态度，更平衡地了解国际媒体映射中国的方式”，以后“他们会知道伸出援手，知道承担责任，知道作出奉献，知道扶助弱者”。德国《新德意志报》说：“北京和上海的步行街上到处都是身穿红色T恤衫的年轻人，手举国旗和标语，拿着捐款箱。他们团结一心，不是因为国家下了命令，而是他们想帮忙，想为国家承担责任。”

当举国的年轻人发现自己的命运与国家的命运休戚与共，并以自己的实际行动表达时，又有谁能够否认中华民族复兴力量的新生？

梁启超先生说："少年智则国智，少年富则国富，少年强则国强，少年独立则国独立，少年自由则国自由，少年进步则国进步。"当中国站在民族复兴的又一个关口，百年前梁启超先生的激情呼喊，不期然间听到一代人热烈而整齐的应答。在抗震救灾的洗礼中、在民族复兴的关口上，中国的年轻一代，血管里奔涌着爱国情怀和责任担当，成为我们伟大民族精神的青春载体。

薪火相传的中华民族，有了让人放心的新一代。他们正以实际行动向世人证明：他们不仅爱国，而且爱得那么热烈和深沉，爱得那么执著和坚定。傲慢的西方媒体为此惊叹不已："中国年轻人是你能遇见的最爱国的人群之一。"是的，正是他们积蓄起最可贵的民族复兴力量，正是他们体现了中华民族的未来和方向。青年是祖国的未来、祖国的希望；青年在哪里，哪里就是中国；青年是什么形象，中国就是什么形象！

春风化雨　润物无声
——民族精神的培育

民族精神的培育像贵如油的春雨,“随风潜入夜,润物细无声”,在不经意中将民族的根,深深植入人民心中。国民将来不论走到哪里,都怀有一颗“中国心”,永远根系祖国,生生不已。

——郑师渠

党的十六大报告明确指出:“必须把弘扬和培育民族精神作为文化建设极为重要的任务,纳入国民教育全过程,纳入精神文明建设全过程,使全体人民始终保持昂扬向上的精神状态。”培育民族精神要借助国民教育,通过各种形式的教育活动潜移默化地将主观意图融入若干细小的事物之中,把主要目的渗透在若干活动的细节之中,把主要精神糅进若干过程之中,做到润物无声、渗物无痕、耳濡目染、跬步前进,集小成为大成。

知之愈深　爱之愈切

教育是培育和弘扬民族精神的重要途径,而历史教育则是培育和弘扬民族精神的切入点,这是因为民族精神是一个民族的历史文化长期浸润、积淀的结果。中华民族精神源远流长,它深深植根于悠悠五千年的历史沃土之中。只有深刻理解和把握民族的悠远历史和优秀传统文化,才能增强民族自尊心和自豪感,才能真正谈得上培育和弘扬民族精神。只有把培育和弘扬民族精神寓于历史知识的传授之中,又把深厚的民族情感植根于历史科学知识的基础之上,才能为培育和弘扬民族精神打下坚实的基础,让更多的人从历史知识中汲取民族精神的丰厚养料。

我国历来有重视历史教育的传统。古代先民们很早就认识到“君子以多识前言往行,以畜其德”的哲理,说明历史知 识在人生修养方面起着重要的作用。唐代史学家刘知几深刻地指出:“史之为用,其利甚博,乃生人(民)之急务,为国家之要道。”这反映了史学对于国民和国家的极其重要性。关于历史与民族兴亡,思想家们说得更多,清代龚自珍更是提倡国人“当以良史之忧忧天下”(《乙丙之际著义第九》),号召增强民族的忧患意识。章太炎则以历史和现实的事例说明历史是增强民族自信心的根据。章太炎曾经说:“余数见印度人言其旧无国史,今欲搜集为书,求杂史短书以为之质,亦不可得,语辄扼腕。”(《原经篇》)章太炎在《讲读史与文化复兴的关系》一文中又说:“史之有关于国本者至大,秦灭六国,取六国之史悉焚之;朝鲜亡后,日人秘其史籍,不使韩人寓目。以今日中国情形观之,人不悦学,史传束阁,设天降丧乱,重罹外族入寇之祸,则不待新国教育三十年。汉祖、唐宗必已无人能知,而百年之后,炎黄裔胄,决可尽化为异族矣!”章太炎的话虽然忧患意识深沉,但并不是危言耸听。当代思想家任继愈先生说得更明白,他认为“史学关系到国家的存亡”,“是国家兴亡之学,民族盛衰之学”,反复强调要重视历史教育工作。1994 年 4 月 7 日,邓小平同志在《振兴中华民族》的讲话中说道:“我是一个中国人,懂得八国联军侵略中国的历史。当我听到西方七国首脑决定要制裁中国,马上联想到 1900 年八国联军侵略中国的历史……”邓小平强调“中国人要振作起来”,并且说:“要懂得些中国历史,这是中国发展的一个精神动力。”

多年来,历史教育没有受到应有的重视,并有不断被削弱的趋势。我们有必要重新认识历史教育的作用与地位,并采取有效的措施,真正加强国民的历史教育。

首先,重新定位历史教育。龚自珍指出“亡人国必先亡其史”,强调历史教育是关系国家兴衰荣辱的大事。我们必须明确,历史教育关乎国家兴亡与民族盛衰,只有当一个民族能够从历史中学会不断汲取力量、不断思索、不断创新时,这个民族才有希望与未来。因此,历史教育应列为国民教育最重要的环节之一。培育与弘扬民族精神应当从加强历史教育入手,主管部门应加强统筹规划。

其次,重视历史教学工作。历史教学在弘扬和培育民族精神方面有着得天独厚的优势。一是,以课堂教学为主渠道。在历史课堂教学中,教师要向学生讲授这些能反映我们民族精神的史实,引导学生继承和弘扬这些民族精神。如在维护祖国统一方面,隋朝统一全国,结束了南北朝时期的分裂局面;郑成功收复台湾,清朝设置台湾府。在增进民族团结方面,唐朝的文成公主入藏;北魏孝文帝改革;清初土尔扈特部从伏尔加河流域重返祖国。在勤劳勇敢、自强不息方面,万里长城、都江堰的修建以及"四大发明"等。二是,结合各种节日、重大历史事件和历史人物的纪念活动,从中发掘弘扬我们的民族精神。自近代以来,中国人民为争取民族独立解放,实现民族振兴作出了巨大的努力和牺牲,形成了许多值得我们纪念的节日、重大历史事件和历史人物。如五四运动所表现出的反帝反封建的爱国精神;西安事变发生后,中国共产党在民族危亡关头,以民族利益为重,不计前嫌,以宽阔的胸怀争取西安事变和平解决。纪念活动可以有多种途径,如观看爱国主义影片,像《屈原》、《林则徐》等。而历史图片展览、历史专题讲座等也是培育民族精神的好形式。三是,历史教学应充分利用当地的爱国主义教育基地等培育民族精神。为了更好地加强社会主义精神文明建设,近年来,各地先后将一些革命纪念地、历史文化遗址、博物馆等确定为爱国主义教育基地。历史教学应充分发挥其在培育民族精神中的重要作用。如在讲述红军三大主力胜利会师时,可带领学生参观会宁爱国主义教育基地,重温红军长征精神、会师精神。

再次,重视普及历史知识。要制定政策,支持和引导专业史学工作者以多样化的形式,积极参与历史知识的普及工作。目前,北京市社科联组织的"北京历史文化普及论坛",就是一种很好的形式。除了出版图书、开办讲坛之外,内容丰富的影视制品也应受到重视。从中国历史上看,广大民众的历史知识更多是通过通俗的作品获得的,比如《三国演义》在民众中的影响远远大于《三国志》。因此,借助影视普及历史知识,还必须重视历史剧这一为人们喜闻乐见的形式。一些成功的历史剧,如描写重大革命历史题材的《大决战》、《长征》等作品,确实起到了宣传革命历史的作用。应鼓励史学工作者与文艺工作者的通力合作，以产生更多更好的作品。

最后，借鉴国外历史教育经验。当今世界许多国家，如美国、日本、韩国、俄罗斯都十分注重对国民进行历史教育，其中很多做法值得我们学习。如俄罗斯高层将2012年定为“俄罗斯历史年”，展开了一场新形式的“爱国主义运动”。借助“俄罗斯历史年”宣传历史真相，宣传俄罗斯民族的自豪感，“净化并确立俄罗斯人民的历史记忆”，让历史成为建设国家的精神资源。

总之，通过学习和了解中华民族光辉灿烂的历史和优秀传统文化，可以极大地激发国民的民族自尊心和自豪感，使培育民族精神在新的历史条件下获得深厚的文化底蕴和高度的民族自觉，从而使人们始终保持昂扬向上的精神状态，克服前进道路上的各种艰难险阻，经受住各种考验，为实现全面建设小康社会的宏伟目标而奋斗。

民族标杆　行为示范

“以铜为镜，可以正衣冠；以史为镜，可以知兴替；以人为镜，可以明得失。”弘扬和培育中华民族精神，要注重运用典范教育，通过具体生动的典型人物和事例，把抽象的说理教育变成生动的形象教育，从而引起人们思想情感上的共鸣，使人们学有榜样，比有参照，赶有目标。

中华民族历史上出现了无数英雄模范人物，他们身上凝结的精神气质为国民赞许和崇尚，体现了我们追求的精神方向。民族精神正是通过一个个鲜活的典范人物，借助典范人物的一言一行，生动形象地表现出来，也正是这些秉承民族精神的英雄典范，成为中华民族的脊梁。他们既是民族精神的创造者、体现者，又是民族精神的推崇者和弘扬者，没有他们，民族精神难以形成，没有他们，民族精神无从体现。

在中华民族几千年的历史长河中，诞生了无数令人敬仰的英雄典范，他们都在不同的时代，以不同的业绩向我们展示着中华民族伟大民族精神的辉煌。如人文初祖黄帝；治水三过家门而不入的大禹；“路漫漫其修远兮，吾将上下而求索”的屈原；不畏艰辛出生入死出使西域的张骞；“匈奴未灭，何以回家”的霍去病；“鞠躬尽瘁，死而后已”的诸葛亮；

"先天下之忧而忧,后天下之乐而乐"的范仲淹;"人生自古谁无死,留取丹心照汗青"的文天祥;"位卑未敢忘忧国,事定犹须待阖棺"的陆游;"封侯非我意,但愿海波平"的抗倭英雄戚继光;"天下兴亡,匹夫有责"的顾炎武;以民族大义为重,收复台湾的郑成功;"苟利国家生死以,岂因祸福避趋之"的禁烟英雄林则徐;维新志士谭嗣同;誓死抗日,壮烈殉国的杨靖宇;"宁可饿死也不吃美国救济粮"的朱自清;"生的伟大,死的光荣"的刘胡兰;手举炸药包炸碉堡的董存瑞;国际主义英雄黄继光和邱少云。社会主义建设时期的石油工人铁人王进喜;助人为乐,甘做革命螺丝钉的解放军好战士雷锋;"心中装着别人,唯独没有自己"的好干部焦裕禄;身残志坚的张海迪;爱人民的好战士李向群;平凡工作岗位上不平凡的李素丽;人民的好干部牛玉儒;航天英雄杨利伟、费俊龙、聂海胜;人民警察英雄任长霞以及无数仁人志士。他们身上无不体现中华民族的伟大精神,成为我们建设社会主义现代化的巨大精神动力。

榜样的力量是无穷的。榜样教育有着悠久的历史,其思想渊源可追溯到两千多年前思想家、教育家孔子、孟子、荀子等先哲,在他们的教育思想及著作中出现了许多关于榜样教育的睿智见解和精辟论述。孔子主张"祖述尧舜,宪章文武",以古代帝王为典范来改造社会。孔子在《论语·里仁》中也说道:"见贤思齐焉,见不贤而内自省也。"抓典型,树榜样,发挥先进典型的示范作用,也是培育民族精神的光荣传统和行之有效的方法。无论是革命战争年代,在枪林弹雨中涌现出来的战斗英模和革命先烈,还是在社会主义建设时期,在平凡岗位上作出不平凡业绩的劳动模范和先进工作者,他们可歌可泣的英雄业绩,都成为宝贵的精神财富,教育和激励广大人民奋勇前进。

新中国成立以后,我们党和国家继承和发扬了战争年代树立典型的优良传统,促进经济和各条战线的建设。1950 年 9 月,中央人民政府政务院在北京召开了全国战斗英雄代表大会和全国工农兵劳动模范代表大会。毛泽东在会上致了祝词,高度赞扬这些典型"是全中华民族的模范人物,是推动各方面人民事业胜利前进的骨干,是人民政府的可靠支柱和人民政府联系广大群众的桥梁"。出席会议的代表有:拼刺英雄刘四虎、带兵爱兵模范吕顺保、钢铁营长张英才、全国劳动模范马恒昌等。在抗美援朝的战斗中,志愿军又普遍开展了学习杨根思、黄继光、邱少云等英雄模范人物，进行闪烁着爱国主义、国际主义和革命英雄主义精神的榜样教育。

新时期，我们在社会主义建设的伟大实践中仍要善于发现和推广先进典型，大力宣传改革开放和社会主义现代化建设中涌现出来的先进人物。为此，党和政府多次举办道德模范、劳动模范、十佳青年、感动中国人物等评选活动，发掘先进典型，发挥示范作用，激励群众学习。2009 年 2 月，中央主要媒体和各省市党报、主要都市报联合推出大型人物专栏《“双百”人物中的共产党员》。“双百”即“100 位为新中国成立作出突出贡献的英雄模范人物和 100 位新中国成立以来感动中国人物”。在这个专栏里，我们能再次看到那些熠熠生辉的名字：李大钊、瞿秋白、张太雷……也能再次看到这些耳熟能详的名字：雷锋、孔繁森、杨利伟……“双百”人物身上所体现的忠于祖国、热爱人民、追求真理、艰苦奋斗、锐意进取、开拓创新、无私奉献的崇高精神，是以爱国主义为核心的民族精神的重要组成部分，是建设社会主义核心价值体系的丰厚资源。通过这次活动，大力颂扬英雄模范的先进事迹和崇高精神，能够引导人们深刻理解爱国主义的丰富内涵，激发爱国热情，振奋民族精神，激励全国各族人民继续解放思想，坚持改革开放，推动科学发展，促进社会和谐，为夺取全面建设小康社会新胜利、实现中华民族伟大复兴而努力奋斗。

运用典范教育还要注意以下几个问题。一是典范必须具有可认同性、可亲近性及可学性。二是典范应该多样化、层次化。三是对典范的宣传要恰如其分。四是对典范的宣传研究不能一成不变，要结合时代特点挖掘典范精神的内涵。在培育民族精神的工作实践中，只有认真注意了上述几个问题，才能成功运用好典范教育法，使典范真正起到感召、启发的作用和激励人们奋发向上。

生于忧患　死于安乐

1046 年，北宋著名的政治家、教育家、文学家范仲淹应好友滕子京之邀，写下了一篇今天读来仍令人神往、催人奋进的优美散文。这篇名垂千古的经典之作就是范仲淹的《岳阳楼记》。范仲淹写道：“嗟夫！予尝求古仁人之心，或异二者之为，何哉？不以物喜，不以己悲。居庙堂之高则忧其民,处江湖之远则忧其君。是进亦忧退亦忧,然则何时而乐耶?其必曰'先天下之忧而忧,后天下之乐而乐'欤。噫!微斯人,吾谁与归?"

洞庭湖的美景勾起了我们无尽的想象和神往,范仲淹忧国忧民的高尚情怀更是激起了我们心中的爱国情怀,迸发出强烈的忧患意识。古代的文人达士大多身处逆境、胸怀哀苦,他们怀着对生民家国的忧患,述往思来,使这些经典凝结着深厚的忧患意识。

早在2000多年前,中国的先贤孟子就这样写道:"故天将降大任于斯人也,必先苦其心志,劳其筋骨,饿其体肤,空乏其身,行拂乱其所为,所以动心忍性,增益其所不能。人恒过,然后能改;困于心,衡于虑,而后作;征于色,发于声,而后喻。入则无法家拂士,出则无敌国外患,国恒亡。然后知生于忧患,而死于安乐也。"(《孟子·告子下》)

这种"生于忧患,死于安乐"的忧患意识是中国文化中具有积极意义的价值理念和人文精神,是作为历史主体的人对社会历史的命运、前途、生存和发展的自觉关注,是一种基于历史使命感和社会责任感而充满生存智慧的进取精神,是对现实清醒、理性的判断,是对未来前瞻式的洞悉和思索。忧患意识对于个人、组织、民族、国家乃至全人类都有着特殊的积极意义。

忧患意识作为中华民族精神之一,在历史上绵延不绝,构成中华民族衰而复振的思想基础。不仅有孔子"安不忘危,存不忘亡"、孟子"生于忧患,死于安乐"的忧患哲学,还有范仲淹"先天下之忧而忧,后天下之乐而乐"、顾炎武的"天下兴亡,匹夫有责"的忧患情怀。新文化运动全面反传统,恰恰是新文化运动的领袖们继承了忧患意识,李大钊不是高呼"铁肩担道义"吗?陈独秀在《青年杂志》创刊号上的话更是体现了这种忧患意识。他这样写道:"国势凌夷,道衰学弊,后来责任,端在青年,本志之作,盖欲与青年诸君商榷将来所以修身治国之道。"这岂不是忧患意识的自白?正是有了这种忧患意识的延续,在积贫积弱的中国近代历史上,一代又一代仁人志士前赴后继,艰苦奋斗,为中华民族的复兴而不断努力着。

中国共产党继承了这种传统,使中华民族救亡图存的忧患意识提高到了自觉和科学的水平,经过28年艰苦奋斗创建了社会主义新中国。在经过半个多世纪的发展,中国的独立和初步繁荣已经实现之时,我们的国家仍然需要忧患意识。

忧患意识不会凭空产生,它需要通过教育特别是爱国主义教育来启发和引导。但当前的爱国主义教育存在一个值得注意的问题:严重淡化忧患意识教育。主要表现为教育中过多地颂扬祖先的业绩和现在取得的成绩,而对祖国曾遭受的灾难,对目前存在的问题和面临的危机或是避而不谈,或是“犹抱琵琶半遮面”。上海市曾有人在一所重点中学进行了一项有关国情知识的调查,结果表明,能正确回答的学生仅为调查人数的 20%。这么低的比例是令人吃惊的。

在我国淡化甚至忽视忧患意识教育的同时,世界大多数资本主义国家,甚至是发达的资本主义国家却充分认识到了危机教育的作用,并且把忧患意识作为其爱国主义教育的重要组成部分。在日本,几乎每个日本人都清楚地知道:日本长期面临着严重的经济问题,不管她能多么成功地解决这些问题,在世界经济中的比重只能在其他国家增长的同时降低。其实,日本的 GDP 在 1996 年时就达到了 44730 亿美元,人均 GDP 约为 36500 美元。尽管如此,日本人对于长远的幸福总存在潜在忧虑,他们担心日本将失去目前繁荣背后那种有竞争力的经济优势。在日本的中小学教科书上,至今仍写着这样的内容:“日本国土狭小,没有资源,只有靠技术,靠奋斗,否则要亡国。”除日本之外,在当今世界的经济大战中,不论是美国、英国、法国还是德国,都在提醒国民注意自己所处的劣势。这样做的目的,无非是树立起忧患意识,破除自满情绪,从而在忧患中奋进,保持自己的世界强国地位。

人无忧患,睿智不成。国无忧患,大器不成。加强危机教育,可以从以下几方面入手:

首先,遵循忧患意识教育的原则。

一是正确认识国情。“天下之患,莫大于不知其所以然”,不知其所以然的忧患不仅于国家、民族无益,反而有害。而要正确地认识、判断每一历史时期国家民族之患,不能不以正确、深刻地认识国情为前提。在中国现代历史上曾有过一个生动的例子。1911 年,辛亥革命推翻了统治中国长达两千多年的封建专制制度,当时社会各界都沉浸在胜利的喜悦之中。但李大钊同志却在观察了中国时局后,先后写下了《隐忧篇》和《大哀篇》,表述他对祖国人民命运的忧患,他提出当时中国之患,在于北洋军阀篡夺了革命果实,以军阀专制代替了君主专制。历史充分证明了他的忧患的正确性。他的这种深刻的忧患得益于他对国情的广泛调研和正确把握。

二是坚持批判性和建设性相统一。在树立建设性和批判性相统一的忧患意识方面,鲁迅是我们的榜样。他在许多作品中,怀着“哀其不幸,怒其不争”的忧思,用犀利的笔无情地解剖“国民的劣根性”。但鲁迅并不是为了骂倒自己的民族,而是因为“我们的民族总体上来说是伟大的,但我们还要揭发自己的缺点,这是意在复兴,意在改善”。

三是坚持自省和自信相结合。没有自省精神,民族的精神状态会趋向盲目乐观;没有自信心,民族的精神就会陷入悲观和消沉,背离忧患兴邦的初衷。

其次,拓宽忧患意识教育的内容。

一是加强历史传统文化教育。历史是在承传中前进的,懂得中国的昨天,才能理解中国的今天,把握中国的明天。

二是冷静分析和估量国内经济社会发展形势。从国内形势看,我国改革发展已进入关键时期,虽取得重大成就,但经济社会发展仍存在着突出的矛盾和问题:民族分裂之忧;民生问题之忧;自然灾害之忧;经济风险之忧;政府自身建设之忧等。

三是正确认识和把握国际政治与经济形势。冷战结束后,世界多极化和经济全球化的趋势在曲折中发展, 和平和发展成为时代的主题,但影响和平与发展的不确定因素在增加。世界还很不安宁,总体和平,局部战乱。民族矛盾、地区冲突、局部战争不断,强权政治、霸权主义依然盛行,不合理的国际政治经济秩序依然存在。

总之,面对复杂多变的国际局势,繁重艰巨的国内任务,我们没有任何理由陶醉于已有的成绩而稍有懈怠,没有任何理由故步自封而止步不前,没有任何理由满足现状而不思进取。只有全党和全国人民增强忧患意识,安而不忘危,治而不忘乱,万众一心,团结奋斗,我们实现中华民族伟大复兴的目标才能实现。

提升认识　超越感性

理性教育为民族精神的培育明确了精神指向。而爱国主义是中华民族精神的核心,因此理性教育集中表现为理性爱国教育。理性爱国更有力,理性爱国国更强。

爱国主义在不同的历史阶段有不同的内涵和表现形式。战争年代的爱国主义比较直观,在长期的革命战争中逐步形成了一种观念,爱国主义就是同敌人英勇斗争,“我以我血荐轩辕”,“砍头不要紧, 只要主义真”。这在当时的历史条件下突出了爱国主义的核心。而当今的爱国主义与时代发展紧密联系在一起,更加突出了理性的特点,强调把对祖国朴素的爱升华到积极主动投身到社会主义建设中去,表现为面向世界和未来的自尊、自信、自强的民族精神。

在全球化的今天,在非军事化事件上,理性爱国指的是以一种外交性的、建设性的方式来维护自己国家利益的情怀和行为方式。“外交性”是指,通过交流、对话、协商解决问题,形成良性互动的机制。“建设性”是指,所想和所为应该能有利于解决问题,有利于实现各方的共同利益。

一个国家的发展,尤其是一个大国的崛起,都将遭遇压力和阻遏,史不绝书。社会主义中国在自己选定的独特的和平发展长征中,更会如此。面对国际反华势力的一次次阻遏,中国人民的爱国激情如山呼海啸般迸发出来。但爱国需要热情,更需要理性。糊里糊涂的爱,不行;朴素感性的爱,不够;偏激盲动的爱,不可。理性爱国是我们的历史使命,时代担当。理性爱国才能爱得深厚持久,爱得有效。

今天但凡谈到爱国主义,都会首先想到“抵制日货”问题,似乎爱国必然等同于“抵制”。这当中有中、日两国历史和现实因素,但这样简单地看待问题,是否过于盲从,是否是真正爱国。“抵制日货”这一口号最早可追溯到 1919 年的五四运动。在全球经济不发达的当时,这一口号的提出和实践无疑对动摇日本军国主义的经济基础起到了很好的抑制作用。然而,时过境迁,今天我们大多数人以为以此就可以达到牵制日本经济发展的观点其实忽略了这个事实:当今社会全球经济已经一体化,国家内部的经济早已成了国际经济的一部分,彼此之间相互依赖、相互促进。据统计,2006 年中日贸易额比 2005 年高出了 300 多亿美元，达到 2073.6 亿美元;同时,据不完全统计,日本在华企业有近 4000 家,这就意味着直接和间接吸纳了中国就业人数近千万人。是否有人想过,如此民族情感冲动下的抵制,同时被抵制的还有 1000 多万中国国民的饭碗？这无疑无益于社会的稳定,无益于中央极力构建的社会主义和谐社会。如果说抵制日货是基于民族历史过节,那么在经济、政治、贸易错综复杂的今天,国与国之间难免摩擦和冲突,是否一概地打着爱国的旗号进而一概地抵制？这样结果只有一个——重新回到“闭关自守”的封闭状态,脱离时代进步的浪潮,进而故步自封。正如一些专家所说,外资需要中国市场和中国消费者,中国经济也需要外国资本,中国工人需要国外资本提供的就业机会,中国商品也需要外资铺设的零售链。在经济全球化时代抵制某国商品是很不明智的,冤冤相报、以暴制暴的抵制中,最终只能伤及自身利益,抵制自己分享全球化的合作盛宴。

从情感层面讲,爱国不需要任何理由,但从理性层面讲,采取爱国行动需要讲究方式、方法和策略。理性爱国表现为在表达爱国热情时,遵守法纪和道义,讲求有序、有理、有节,自觉维护大局,维护稳定,维护国家的整体利益和核心利益。如果不讲理性或失去理性,作出一些过激行为,到头来可能有违自己爱国初衷,单纯的爱国热情被少数别有用心的人利用,最后变成好心做坏事。我们应该有理有据地表达爱国情感。外国人不知道事情真相,我们告诉他;外国人有反华情绪,我们跟他说中国的和平发展战略。要深知理性爱国才是最有力量的,才是真正的爱国。

爱国主义是具体的、务实的。爱国热情既体现在对祖国、对人民的深厚感情上,更体现在为祖国繁荣、民族振兴、人民富裕不懈奋斗的实际行动中。江泽民同志曾讲过:“要把全国各族人民的爱国主义热忱,转化为推动改革开放和现代化建设、振兴中华的强大力量。”没有强大的国力,国家平等和尊严无从谈起。作为公民,我们有责任冷静理智地表达爱国热情,合法有序地表达爱国意愿,将爱国情绪转移到工作学习中去,立足自己的岗位,为国家强大添砖加瓦。我们最需要做的是,把自己的事情办好,把爱国热情凝聚成社会稳定、国家发展、民族振兴的共同意志,支撑国家发展进步,推动综合国力日益提升。

理性是最好的爱国态度。我们深信,当亿万中国人将爱国热情化为强国行动，中华民族必将以更加昂扬的姿态屹立于世界民族之林。

国强民贵　国弱民贱

尊严是做人的基本准则，是为人处世的底线。自尊心是中华民族永不衰竭的民族精神，它表现为国格、人格，志气、骨气。培育民族精神的崇高使命就是要培养国民的民族自尊心、民族自信心、民族使命感和民族责任感。孟子提出的“富贵不能淫，贫贱不能移，威武不能屈”，集中体现了中华民族气节。古往今来，多少仁人志士为维护祖国荣誉和民族尊严，在爱国和气节方面为后人作出了榜样。西汉时，苏武出使西域，身陷大漠牧羊几十年，但始终心系国家，忠于汉朝，在威逼利诱之下，不为所动。文天祥面对劝降，写下了“人生自古谁无死，留取丹心照汗青”。刘胡兰面对敌人的铡刀，昂首挺胸，大义凛然，被誉为“生的伟大，死的光荣”。在他们看来，国家，民族，信仰就是尊严，是置于一切利益之上的。他们在大是大非面前，视尊严如生命，宁可玉碎不能瓦全。尊严是山，尊严是水，在尊严教育中铸就民族品格。

家与国、个人与祖国同呼吸、共命运。个人的生存依赖于祖国的生存。祖国所提供的物质条件和精神家园是个人生存的前提和基础。个人的地位决定于祖国的地位。旧中国国人地位的卑微和新中国人民地位的提高，说明了祖国的经济、政治、文化地位决定着国民的经济、政治、文化地位。个人的发展离不开祖国的发展。祖国的荣辱兴衰决定着个人生活质量的高低、前途命运的变化。国家黑暗腐败、贫穷落后、动荡不安，国人就卑贱低微、贫困不安、民不聊生；国家昌明开放、稳定富强、兴旺发达，国人则安居乐业、尊贵体面、富裕安康、幸福美满。一句话：国强民贵，国弱民贱。从这个意义上说，维护民族尊严、实现国家富强、提升国家地位，是每一个中国人义不容辞的责任。

清朝末年，由于清政府腐败无能，中国这样一个地大物博、人口众多的国家，竟在相当长的一段时间内成了西方列强的狩猎场，饱受欺凌和侮辱。只要对方有洋枪洋炮，似乎谁都可以到中国来瓜分一块土地，或要一个港口，或要一笔莫名其妙的赔款……中国国土四分五裂，经济崩溃停滞，军事不堪一击。尔后清王朝覆灭，中华民国建立，但终因国力贫弱，中国在国际社会仍然地位低微，没有话语权。一战结束后，来自美、英、法、日、中等 20 多个战胜国的千余名代表在巴黎举行和平会议。中国政府代表陆征祥、顾维钧等人提出取消“二十一条”、日本归还原德国在山东的一切特权的要求。然而这两项提案均遭到最高会议的无理拒绝，最终确定将德国在山东的一切权利及附属设施等无条件由日本取得。其规定之详尽，措辞之强硬，无一不是对中国的莫大耻辱和侵害。中国作为战胜国参加帝国主义的分赃会议，虽有顾维钧等爱国人士坚决捍卫民族尊严，拒绝在和会上签字，但终究是弱国无外交，处处受歧视，公理战胜不了强权。

1931 年 9 月 21 日，矢志抗日的吉鸿昌被蒋介石逼迫下野，到国外“考察实业”。船到美国，吉鸿昌就接二连三地遭到意想不到的刺激，如那里的头等旅馆不接待中国人，对日本人却奉若神明。有一次，吉鸿昌要往国内邮寄衣物，邮局职员竟说不知道中国。陪同的人对吉鸿昌说：“你说自己是日本人，就可受到礼遇。”吉鸿昌当即怒斥：“你觉得当中国人丢脸，我觉得当中国人光荣！”为抗议帝国主义对中国人的歧视，维护民族尊严，他找来一块木牌，用英文在上面写上：“我是中国人！”当国家贫弱无力时，国民在国际社会也备受歧视，吉鸿昌用实际行动捍卫民族尊严的精神值得我们深思和学习。

中国过去的贫弱和今天的中国发展形成了鲜明对比。中国只用了短短几十年就从一个贫病交加的弱国变成一个世界上举足轻重的大国，中国再不是过去那个一穷二白、民不聊生的国家了。如今中国人游走世界，再不会被看做劣等民族。在海外的中国华侨，以及到海外旅游和经商的中国人再无须像一百年前那样担惊受怕，因为他们背后有一个日益强大的祖国。

2008 年 5 月 12 日，四川汶川发生 8.0 级大地震。地震当天，中共中央政治局就召开紧急会议部署抗震救灾工作，其反应之快为中国之最，也为世界之最。面对灾难，全国人民万众一心，有钱出钱，有力出力。短短几天，几百亿捐款就进入了抗震救灾专用账户，各类救灾物资源源不断运往灾区，十几万精锐部队如神兵天将般来到灾区第一线，带给人民信心和力量。我们调动了最先进的飞机，赢得了救人时间；各种先进的运输工具日夜兼程，运去了所需要的一切物资，同时也运出大批受伤群众。灾区需要什么，全国人民就送去什么。这次抗震救灾行动充分说明，正是因为中国国力日益强大，国民的生命财产安全才能得到最大的重视和最好的保障。

无论是 2011 年 3 月的利比亚撤侨，中国军舰出海保卫自己的商船，还是到索马里打击海盗，中国人民解放军的实力不断增强。中国人民解放军的历次行动都证明了我们国家对海外侨民的保护能力的提升和政府处置突发事件能力的增强以及应急机制的日益完善。同时也向世人宣告，共产党领导下的中国是所有海外华人的保障，共产党领导下的中国能够保障所有中国人自由地在世界的任何地方留学、经商、旅游和生活。

国富国强，民富民强，可看做一枚金币的两面，而这枚金币的计量单位就是尊严。唯有对内建立人的尊严，对外追求国家尊严，中国的发展才是可持续且有意义的。国家应做好自己的事，代表广大人民最根本的利益，让老百姓安居乐业，生活安宁。国民应为了国家的富强，以实际行动投身到改革开放和社会主义现代化建设的伟大事业中去，为人民服务、为民族争气、为祖国争光。

天下兴亡　匹夫有责

——民族精神的践行

保天下者，匹夫之贱，与有责焉耳矣！

——顾炎武

忧患意识是中华民族精神的重要组成部分，也是渊源至深的文化传统。中国历史特别是近代史就是一部中华民族以强烈的忧患意识追求民族独立与富强的历史。至今，我们的国歌还一直在警醒着我们：中华民族到了最危险的时刻。这个"时刻"就是在新机遇和挑战面前居安思危的时刻；这个"时刻"就是将忧患化作"软实力"求发展的时刻。这是关系我们民族命运的关键时刻，每一位中华儿女都应与时代同行，与祖国同行，勇敢地担当起自己的一份责任，践行"天下兴亡，匹夫有责"的民族精神。

天下兴亡　匹夫有责

古人云："天下兴亡，匹夫有责。"只是有人认为这只不过是说辞而已，觉得天下兴亡与百姓何干？在很多人脑海中，国只属于帝王而已，所谓"普天之下，莫非王土；率土之滨，莫非王臣"。由此，国事政治那是官员的事，并不是百姓人家的平常事。由是"天塌下来，有个子大的人在顶着"，我们这些普通百姓做不了什么！

果真“天塌下来，有个子大的人在顶着”，与我们这些匹夫没有任何关系吗？“匹夫”果真不能为天下的兴亡尽一份自己的责任吗？

国荣我荣，国辱我辱

中国人自古就有强烈的国家意识，形成了厚重的国家观念。从汉语“国家”一词就可以清晰地看出国人的国家观：先有国，后有家，有国才有家，国是家的安全屏障；有家才有国，家是国的最小单元。国与家之间可谓唇齿相依，荣辱与共。正如歌中所唱：家是最小国，国是千万家。

以史为镜，可以知兴衰。历史不止一次地印证：但凡国破则民生凋敝，百姓流离失所，宗庙无存，社稷不保；但凡国家强盛，百姓则安居乐业，生活幸福。正所谓百姓荣辱，系于国家。

周恩来在沈阳伯父家读书的时候，伯父指着一片繁华的地方警告他说，没事不能到那儿去玩！12 岁的周恩来非常不解，便问伯父这是为什么。伯父说：那是外国人的租借地，惹出麻烦没处说理去。“在中国的土地上却没处说理！”这个问题始终在他的脑海萦绕。

后来在租借地看到的一件事让周恩来彻底明白了一切：洋人的汽车压死了一个中国人，中国巡警不但不惩处肇事的洋人，反而训斥中国人！面对着得意洋洋的洋人，围观的中国人敢怒不敢言。这件事让周恩来明白了为什么在中国的土地上却没处说理——因为中华不振！正是因为看到在国之不振中的中国人“命如蝼蚁”，年仅 12 岁的周恩来发出了铿锵有力的呐喊：“为中华之崛起而读书！”

有这样一个故事：一名老师带着一群小学生去郊游，忽然，天空阴云密布，狂风大作，暴风雨就要来了。他们没有带雨具，眼前也没有可以避风躲雨的地方，孩子们只好向前跑。跑着跑着，突然发现路边有个草棚，大家“哗”地冲了进去，刚冲进草棚，倾盆大雨从天而降。孩子们异常兴奋：“哇，今天运气真好，刚刚下雨就遇到这个草棚，可以不被雨淋了，……”正说话间，在狂风卷着暴雨冲击下的草棚开始摇晃了，怎么办？一时间下像炸了锅一样，有的吵着逃跑，有的又怕雨淋……突然，一个声音传来，“扶住它，不能让它倒”，孩子们下意识地扶住了草棚的柱子……暴风雨停了，草棚安然无恙。当然，孩子们也没有被雨淋着。孩子们高兴得七嘴八舌：如果不是我们，草棚就塌了……此时，老师问：“同学们，你们说是我们需要草棚呢，还是草棚需要我们呢？我看是我们需要草棚，没有它，我们很可能早被暴风雨打垮了……”正所谓国之不存，身安何处！

2011 年 4 月 1 日，台湾著名学者、历史学家李敖在暨南大学演讲时谈到了对中国发展现状的看法。在谈及中国 33 年改革开放的成就时，李敖引用了唐诗《石壕吏》“室中更无人，惟有乳下孙。有孙母未去，出入无完裙”的描写。他说：“这首诗说明，中国人从唐朝开始就没有裤子穿。”“但是中国共产党让中国人都有裤子穿！”“我最佩服共产党能够‘富国强兵’，我小时候看到日本骑兵在我眼前走过，现在还有没有日本兵或者他国的兵能够从我眼前走过的？”

“中国自唐朝开始就没有裤子穿！”或许是诙谐幽默的李敖的一个玩笑，但是，中国现在的强大，绝不允许外国士兵从我们眼前走过，这却是铁的事实。正因为如此，我们中国人不再受他人侮辱！中国人能够自豪地宣称：我是中国人！

可见，天下（国家）与匹夫之间并非无关，而是密不可分，紧紧相依。还是让我们在《国家》的旋律中慢慢体会吧：

一玉口中国，一瓦顶成家，都说国很大，其实一个家
一心装满国，一手撑起家，家是最小国，国是千万家
在世界的国，在天地的家，有了强的国，才有富的家
……
国的每一寸土地，家的每一个足迹，国与家连在一起，创造地球的奇迹
……

没错，家是最小国，国是千万家。家国两相依，有国才有家，家旺国方强，国是千万个家的集合，是无数个家的放大。常思国之兴衰，是每一个公民的责任和使命。天下兴亡，匹夫有责！这是以爱国主义为核心的民族精神最为朴素的价值指向。

天下兴亡，我的责任

台湾著名教育家高震东先生在大陆发表过一篇演说提出：天下兴亡，我的责任！这是对“天下兴亡，匹夫有责”的具体落实。因为，“匹夫”不是一个抽象的整体，而是由一个个活生生的“我”组成，只有每个人的自我担当才能会聚起强大的民族力量。唯有如此，我们的国家才有希望。唯有每个人有一种主人翁意识，有一种敢于担当的责任感，国家才有希望。

台湾著名文化学者龙应台曾对孩子说：孩子，你是否想过，你今天有自由和幸福，是因为在你之前，有人抗议过、奋斗过、争取过、牺牲过。如果你觉得别人的不幸与你无关，那么有一天不幸发生在你身上时，也没有人会在意。我相信，唯一安全的社会，是一个人人都愿意承担的社会，否则，我们都会在危险、恐惧中苟活。因此只有人人都愿意承担，自觉把对于国家、社会的责任揽过来而不是推出去，我们才不会在危险、恐惧中苟活。

其实，绝大部分中华儿女都很爱国，但是，有时却觉得国很遥远，不知道国在哪里？那么国到底在哪里？其实你的周围，处处是国！爱国也很容易，因为国就在你的生活里，你的行动，步步系国。

假如你是老师，你面前的学生就是国家。站在讲台上，你必须对学生尽心尽责，唯有这样才能为祖国培养合格建设者和可靠接班人。此时，传播知识、教化学生就是爱国！

假如你是医生，那么你面前的病人就是国家。面对病人，你必须爱心满怀，驱除折磨病人的疾病与痛苦，带给病人以健康与阳光。此时，驱除病魔、关爱病人就是爱国！

假如你是工人，那么你手中的劳作就是国家。精心处理工艺流程的每一步，尽心尽力地保证质量、增加产量，最大限度地减少人力、时间、资源的无谓消耗，就是爱国！

假如你是一位官员，那么黎民百姓就是国家。想百姓之所想，苦百姓之所苦，更多地站在百姓的位置上考虑并解决他们的困难，就是爱国！

假如你是……

雷锋说得好：如果你是一滴水，你是否滋润了一寸土地？如果你是一线阳光，你是否照亮了一方黑暗？如果你是一颗粮食，你是否哺育了有用的生命？如果你是一颗最小的螺丝钉，你是否永远坚守在你生活的岗位上？

如果我们人人有所担当：这没做好，是我的责任；那没做好，是我的责任；国家不强盛，这里有我的责任……如此，国家又怎会不强盛？

从这样的思想出发，爱国就是做好自己本职工作的实际行动！在自己的岗位上，把自己的事情做好，就是最大的爱国！只有每个人都努力做好自己的本职工作，都追求美好、正义、良善，国家才会向更美好的方向行进！国家也才会真正强大！

从这样的视角出发，你的努力，就是这个国家的方向！你若向往光明，黑暗的唯一意义就在于衬托光明；你若为追求美好世界而生，你的一生便已在美好世界之中。光明、美好……这一切对未来的期许，其实就取决于我们自己。你就是你所期许的国家，就是你所希望的未来。也许你只能发出一点微弱的亮光，但它却可以闪耀出国家不灭的希望！

让我们听听德国新教牧师马丁·尼默勒在看到纳粹屠刀下毫无责任感的德国民众时发出的无奈叹息吧：

> 他们（纳粹）杀共产党人的时候我没有说话，因为我不是共产党人；
>
> 当他们杀工会分子的时候我没有说话，因为我不是工人；
>
> 当他们杀犹太人的时候我没有说话，因为我不是犹太人；
>
> 随后他们向天主教徒而来我没说话，因为我是新教徒；
>
> 当他们杀我的时候没有人说话，因为已经没有人了……

面对灾难，每个人都在逃避，但正是这种逃避使每个人最终都无法逃脱灾难！由是，我们每个人对于国家都应该承担起自己的责任，而不是推出去、不是逃避！

清谈误国　实干兴邦

我国著名力学大师、教育家、社会活动家钱伟长院士青年时期有这么一段求学故事：钱老18岁那年，以中文和历史两个一百分考入清华。

就在决定进入历史系的第二天,“九一八”事变发生了,他决定改学飞机大炮。可是他的物理只考了 5 分,物理系主任吴有训怎么也不肯收他,他就软磨硬泡,天天去。吴主任终于被他的爱国心所感动了,同意让他试读,条件是在一年内数理化三门必须能考 70 分以上。他拼命学习,四年下来,他成了全班最好的学生。钱老将自己的命运与祖国的振兴紧密结合在一起,这种爱国情怀值得我们尊敬也让我们深深感动。这说明了一个非常朴素的道理:爱国不仅是一句口号,更要有实际行动。

现实生活中,我们常常会听到很多抱怨,抱怨国家这个没做好、那个没做好。当这样抱怨时,我们总是在横向地对比国与国之间的差距;当这样抱怨时,我们从来没有历史地纵向地对比国家在几十年间发生的翻天覆地的变化。也许,这些抱怨,源自一种“爱之愈深,责之愈切”的责任,希望我们深爱的祖国能够更好更快地发展。只是我们应该明白:我们需要的不是抱怨,而是实实在在的行动。言语的力量只是一种摇旗呐喊式的助威,点滴的进步终究要靠行动实现。爱国的情感是可贵的,但比情感更可贵的是实实在在的爱国行动。因为只有在爱国行动中,才能推动祖国真正走向繁荣,祖国母亲也才能深切地感受到儿女的爱。

面对 20 世纪 30 年代的中国思想界,鲁迅先生曾说:“中国现在的人心中,不平和愤恨的分子太多了。不平还是改造的引线,但必须先改造了自己,再改造社会,改造世界;万不可单是不平。至于愤恨,却几乎全无用处。”所以爱国不是抱怨,不是无奈,不是愤恨;爱国就是要认认真真、踏踏实实做好自己分内的事。不需要多么宏大的意旨,不需要多么响亮的口号,只需看看脚下:我们所站立的地方,就是我们热爱的祖国;我们所抵达的地方,就是我们挚爱的家园。

今天,优秀的中华儿女们正以他们各自的方式爱着我们的国家:走进农民工子弟学校教孩子们唱一首简单的歌,敲开公益组织的大门填一张志愿者表格,或者只是给满身泥水挤上公共汽车的农民工一个温暖的微笑,甚至只是微博寻人、网上捐物的一次顺手转发……举手之间,你就在为国家的真善美奉献自己的一份爱心!你就是在努力使深爱的祖国一天天变得更美丽!

践行民族精神,需要有“坐而论”的精神,因为建设性的批判是社会进步的推动力;践行民族精神,更需要“起而行”的实干,做民族精神的践行者！让爱国主义在实践中凸现价值，让民族精神在践行中丰富和升华。

邓飞，1978年生，湖南沅江人，曾任《凤凰周刊》首席记者，现任《凤凰周刊》编委、记者部主任。从2000年大学毕业到2010年，邓飞用10年时间写下100多篇调查报道，涉及福利院、水库移民、死刑犯器官、官员贪腐等重大社会问题，更是发起了“微博打拐”、“中国贫困山区小学生免费午餐”等公益行动。

邓飞最喜欢19世纪美国女诗人艾米莉·狄金森的一句诗：“如果能解除一个生命的痛苦，平息一种辛酸，帮助一只昏厥的知更鸟，重回巢中，我，就不虚此生……”这句诗恰如其分地表达了邓飞的追求和信念。做过10年调查记者的邓飞，心中有一种敏锐和强烈的社会担当。

2011年4月，邓飞联合500名媒体人士共同发起“免费午餐”项目。该项目自4月2日启动截至9月18日，共收到捐款1670余万元，已有42所学校享有免费午餐，超过1万名贫困学生远离课间饥饿。10月26日，国务院决定启动实施农村义务教育学生营养改善计划：中央每年拨款160多亿元，按照每生每天3元的标准为农村义务教育阶段学生提供营养膳食补助，普惠680个县市约2600万在校学生。从“免费午餐”到农村义务教育学生营养改善计划，舆论普遍认为，民间探索引领了国家行动，推动国家朝现代文明迈进。

2012年4月9日，第七届中华慈善奖在北京揭晓，免费午餐公益项目获得最具影响力慈善项目奖。中国慈善年会的主办方这样评价：免费午餐项目是源自草根，蓬勃而起，最终影响国家决策的公益行动，在中国的公益史上尚属首次。也就是说，一个民间公益项目，却也像一个小小的杠杆，撬动起了更大的国家计划，让更多的孩子因此受益。

邓飞的下一个公益计划是“贫困儿童大病救助”。邓飞说：“相较‘免费午餐’，贫困儿童大病救助如同一个无底洞，是一项更加艰难的任务。但总要有人去填，我愿意做那只填海的精卫鸟。”邓飞还说“中国不缺少写字的人，缺少行动者”，他希望通过自己的行动“把建设性监督变为建设性建设的力量”，因为做建设者和行动者的好处就是能弥合社会隔阂，达成民意共识，促进社会和谐。所以，爱国请行动起来，因为行动永远比语言更有力量！

千里之行　始于足下

爱国,是每个人心中最朴素的一种情感。生活在当今中国,我们享受着国家的和平、繁荣和发展,但同时也承担着国家强大、民族复兴的重任,在这样一个特殊的时期,我们怎样做才是爱国?

我国现代著名翻译家、文艺评论家傅雷曾经说过,一个人对人民的服务不一定要站在大会上讲演或是做什么惊天动地的大事业，随时随地,点点滴滴地把自己知道的、想到的告诉人家,无形中就是替国家播种、垦殖。

位卑未敢忘忧国

“再小的个子,也能给沙漠留下长长的身影。再小的人物,也能让历史吐出重重的叹息。王圆箓既是小个子,又是小人物。我见过他的照片,穿着土布棉衣,目光呆滞,畏畏缩缩,是那个时代到处可以见到的一个中国平民。”这是著名文化学者余秋雨在散文《道士塔》中的一段描述!

《道士塔》记录了一个对中华民族文化犯下滔天之罪的道士王圆箓,回顾了帝国主义掠走敦煌莫高窟珍贵文物的史实。历史已然发生,我们不去过多地描述这种巨大的民族伤痛,只是应该懂得:即使渺小如道士王圆箓,也有可能割伤一个国家的肌体,损坏一个民族的精神。西方一首民谣这样说:

> 丢失一个钉子,坏了一只蹄铁;坏了一只蹄铁,折了一匹战马;折了一匹战马,伤了一位骑士;伤了一位骑士,输了一场战争;输了一场战争,亡了一个帝国。

我们总以为卑微如我们百姓,不会对民族、对历史产生什么影响,只是当我们看到道士王圆箓的故事时,我们应该明白“位卑未敢忘忧国”并不是一句虚妄之词!

鲁迅先生在《中国人失掉自信力了吗》一文中这样告示国人:“我们从古以来,就有埋头苦干的人,有拼命硬干的人,有为民请命的人,有舍身求法的人……虽是等于为帝王将相作家谱的所谓‘正史’，也往往掩不住他们的光耀，这就是中国的脊梁。”“他们有自信，不自欺；他们在前仆后继地战斗。”“说中国人失掉了自信力，用以指一部分人则可，倘若加于全体，那简直是诬蔑。”这些“埋头苦干的人”、“拼命硬干的人”、“为民请命的人”、“舍身求法的人”……不见得地位有多么尊崇显要，但他们却始终心忧天下，“有自信，不自欺”、“前仆后继地战斗”，正是这些默默无闻的人构筑了“中国的脊梁”！

放眼历史，成千上万埋头苦干的人，不求名利，用自己的智慧和辛勤劳动创造了社会的财富和灿烂文化；许许多多中华儿女为抵御外侮而不怕流血牺牲，更有无数中国人为解除和减轻人民疾苦而奔走呼号，不顾个人安危为民请命；更有历尽艰辛，奋不顾身，探求佛教教理，展示中华形象的玄奘……

环顾现在，这样的“中国脊梁”更是层出不穷！

著名科学家钱学森有句名言：“我的事业在中国，我的成就在中国，我的归宿在中国。”尽管科学无国界，但科学家都有自己的祖国。钱老青年时代远赴大洋彼岸留学时即暗下决心：学成后报效祖国。而在当时，祖国非常贫穷，无论是工作条件还是生活待遇都无法与大洋彼岸相比，回国意味着要承受诸多艰苦。他毅然冒着生命危险，突破重重阻力，辗转五年登上了回国的轮船。

一个小学校园里，一个读二年级的女孩捡到一枚一角的硬币，见硬币上满是污泥，她就从口袋中掏出纸巾仔细擦起来，大概是因为没有擦干净的缘故，她又跑到水池前，认真地清洗起来，然后，她把钱交给了班主任。当我们目睹小女孩这一举一动，能不为她的行为所感动？硬币的面值虽然很小，分量虽然很轻，但它上面刻有国徽，就变得很重很重。国徽是一个国家的标志，尊敬和爱护国徽是热爱祖国、维护祖国尊严的表现。在小女孩的心中，一枚硬币承载了一个国家、一个人应有对国家的担当。

饶谨，一个普普通通的大学生，为了能够传播一个真实的中国，为了不使中国被西方妖魔化，为了能够发出中国真实的声音，建立了反 CNN 网站，开始了一个草根“反外媒歪曲报道”中国的爱国征程。

2008 年西藏“3·14”事件后，以 CNN 为代表的西方媒体对中国进行了歪曲和偏向性报道。对此，23 岁的清华毕业生饶谨于 3 月 18 日迅速建立Anti-CNN(反CNN)网站,并发出公开信,号召“收集整理西方主流媒体作恶的证据,发出中国人民自己的声音”。网站迅速得到海内外华人、留学生的响应,并引起了国内外主流媒体和网民的强烈关注。随后Anti-CNN积极参与国内奥运火炬传递、汶川大地震、奥运会等活动的民间报道,并且发起抵制跨国公司辱华广告、“捍卫中国版图”等多项活动,迫使多家国际知名媒体、外国政府机构、民间组织和个人对损害中国形象的言行作出道歉或改正。通过反CNN网站,饶谨开启了一个窗口,这个窗口不仅仅纠正了部分海外媒体不客观的、歪曲的报道,而且积极向海外展示了一个真实的中国。

饶谨认为,国家是一个大家庭,每个人是一个小的个体。只有当国家强大了,个人的利益才能得到保障……西方媒体对中国的偏见报道,不仅仅是在某一些事件上影响了我们的形象,其实更重要的是影响了整个西方社会对中国的看法,就是整个中国被妖魔化,或者被极端丑化。毋庸置疑,当整个国家的形象被抹黑的时候,每个人的切身利益是会受到影响的,因此争夺中国在国际上的话语权,就是一种责任,就是一种爱国!

微尘,是青岛的一位普通市民,她数次不留名向灾区大额捐款;后来,微尘扩散成一个充满爱心的群体,频繁出现在青岛市各种公益活动中;再后来,微尘进一步扩展成一个关爱他人的爱心符号。以“微尘”命名的募捐箱、徽章,走进青岛的大街小巷,成为青岛一个体现爱心的公益品牌。微尘,是一段记录城市文明的断章,不仅是为它所助的朋友,还有数以百计千计为它所感动的人……

早在2004年,一位神秘女士就使用“微尘”的名字多次大额捐款:非典时期捐款2万元,新疆喀什地震捐款5万元,为白血病儿童捐款1万元,湖南冰灾捐款5万元……当人们正在努力寻找“微尘”时,一个又一个“微尘”出现了。在青岛市红十字会收到的捐款中,很多捐助者都署名“微尘”。每一双充满善意的援手,每一张不同模样的面孔,都记录下一个共同的名字——“微尘”。感动印象这样评价微尘:他来自人群,像一粒尘土,微薄、微细、微乎其微,寻找不到,又随处可见。他自认渺小,却塑造了伟大,这不是一个人的名字,这是一座城市的良心。

2008年初,特大雪灾袭击了华南地区,湖南郴州成了一座冰雪中的孤城。没有上级号召,也没有组织要求,河北唐山13个农民租了辆中巴车顶风冒雪来到那里参与救灾。这 13 个来自唐山市玉田县东八里铺村二组的农民,自己准备了工具,正月初二上午赶到郴州电力抢险指挥部,成了湖南电力安装工程公司一支编外“搬运队”,每天起早贪黑、踏雪履冰为抢修工地扛器材、搬材料、抬电杆。在工作了 16 天之后,这 13 位农民兄弟离郴返乡,许多郴州市民在得知这一消息后,自发赶来为他们送行。他们还被郴州市授予“荣誉市民”的称号。2008 年 5 月 12 日下午,在得知四川汶川发生特大地震后,13 位农民兄弟几经辗转来到灾情最重的北川县城,成为最早进入北川的志愿者之一。他们用最原始的方法——铁锤砸、钢钳撬、徒手刨,不断寻找幸存者。只要哪里需要,他们就到哪里。他们与解放军、武警战士一起,抢救出 25 名幸存者,刨出近 60 名遇难者遗体。

感动中国组委会授予唐山 13 个农民兄弟这样的颁奖词:“不是归途,是千里奔波,雪中送炭;不是邻里,是素不相识,出手相援。他们用纯朴、善良和倔强的行动,告诉了我们‘兄弟’的含义。”

无论是草根饶谨,还是隐没于乡间市野的“微尘”,抑或是质朴无华的 13 个农民兄弟,他们都默默无闻,没有尊贵显要的地位,但正是普普通通的他们,在人民需要的时候,在祖国危难的时候,挺身而出,为国家奉献自己的热血和青春,践行着自己的爱国之志!正是他们及无数个他们这样的人,撑起了中国的脊梁!

毋庸置疑,一个民族的精神力量,可以在长期的历史过程中不断显露;一个民族的精神世界,可以在日常的生产、生活中逐步成长;一个民族的精神取向,可以从英雄人物、典型代表那里找到答案,更可以而且应该在广大人民的普遍行动和社会实践中得到弘扬。

勿以善小而不为

爱国这个宏大的主题常常体现在很小的一个个细节中。捡拾一片垃圾、节约一粒粮食、少浪费一滴水、少闹一点噪音、遵守公共秩序、自觉维护公共设施,点点滴滴的小事中,蕴含着爱国主义的伟大情怀。唯有不嫌其小,方能汇成大;唯有不拒其少,方能集成多。爱国情怀也好比砍柴,只有认真地砍断一根根柴草,才能成捆,才能垛成柴草垛。所以,爱国应该从小事做起。爱国不仅是一种热情,更是脚踏实地的具体行动,这就是在自己的岗位和社会生活中，做对国家有益的事。

1963年，美国气象学家爱德华·罗伦兹提出了"蝴蝶效应"理论，认为一只南美洲亚马逊河流域热带雨林中的蝴蝶，偶尔扇动几下翅膀，可以在两周以后引起美国德克萨斯州的一场龙卷风。其原因是蝴蝶扇动翅膀的运动，导致其身边的空气系统发生变化，并产生微弱的气流，而微弱的气流又会引起四周空气或其他系统产生相应的变化，由此引起一个连锁反应，最终导致其他系统的极大变化。

蝴蝶效应的社会实践意义在于：一个坏的微小的机制，如果不加以及时地引导、调节，会给社会带来非常大的危害，戏称为"龙卷风"或"风暴"；一个好的微小的机制，只要正确指引，经过一段时间的努力，将会产生轰动效应，或称为"革命"。换言之，任何微小的变化都可能引起社会的巨大变化。

当我们依此去度量个人与国家、民族的关系时，就会理解"善小而为"是践行民族精神、践行爱国之志的根本！爱国就体现在平凡之中，体现在点点滴滴的小事之中！正是在点点滴滴、实实在在的行动中，民族精神才得以丰富与升华。

1967年，阿拉伯和以色列发生战争时世界正举行选美比赛，在这次选美比赛中，以色列小姐当选"世界小姐"。结果甫一公布，许多电影界的人士都围着请她签约，劝她留在美国，说战争中的以色列随时都可能被吃掉，而留在美国则可以名利双收。令人敬佩的是，这位小姐丝毫不为所动，她说：世界小姐不是我个人想选，我只是让你们知道，以色列是一个优秀的民族，所以我出来竞选。我想让人们知道：地球上有以色列这个国家，所以我要出来竞选。我今天被选上了，就完成了我的任务。我也告诉世界：以色列是个优秀的民族，因为我是世界上最漂亮的女人；同时还告诉世界：以色列这个国家正在艰苦奋战，希望全世界的人民同情我们，支持我们！支持我们国家的独立！今天我要回去，为祖国而战！

消息甫一发表，全世界对以色列刮目相看，而以色列军队军心大振，七日之内将阿拉伯军队打得一败涂地！这就是历史上伟大的七日战争！七天打完！就是因为一个女孩子的一句话！可见，一个人如果真心爱国家，那么，报效国家的奇迹随时都可以创造出来，"一言以丧邦，一言以兴邦"，所言极是！

人们都有这样一种思想，只想做大事，而不愿意或者不屑于做小事。事实上，随着经济的发展，专业化程度越来越高，社会分工越来越细，真正所谓的大事实在太少。比如，一台拖拉机，有五六千个零部件，要几十个工厂进行生产协作；一辆汽车，有上万个零件，需上百家企业生产协作；一架“波音737”飞机，有上百万个零部件，涉及的企业更多……每一个工人在产品中的贡献微乎其微，但却举足轻重！在这样一个社会系统中，多数人所做的工作只是一些具体、琐碎、单调的事，他们也许过于平淡，也许鸡毛蒜皮，但这就是工作，是生活，是成就大事不可或缺的基础。所以无论做人、做事，都要注重细节，从小事做起。一个不愿做小事的人，是不可能成功的。老子就一直告诫人们：天下难事，必做于易；天下大事，必做于细。要想比别人更优秀，只有在每一件小事上下工夫。不会做小事的人，也做不出大事来。

面对乡村教育的落后，有人抱怨教育资源配置不均，有人批判教育体制设计不公，甚至有人愤怒……在嘈杂的抱怨、批判和愤怒声中，北京大学硕士毕业生李英强却默默背起行囊，和妻子回到湖北农村老家，自筹资金开办乡村图书馆，为乡村教育播下了一粒种子。因为在李英强眼中，一个农村孩子在青少年时代就应当熟知的东西，却由于文化资源匮乏而没有机会接触到，未来的发展机会就会减少，所以他立志要让更多的农村孩子看到好书、好文字！他说：“我们所做的是燃灯者的工作，建设灯塔，为那些暗夜航行的船只服务。”

为改变乡村教育，改变乡村孩子的命运，已有越来越多的人投身到乡村教育的公益行动中！“十分努力计划”就是一项这样的行动！这项计划以“十分钱也就是一毛钱为捐助单位，出版社或作者每卖一本书，即向立人乡村图书馆捐出一毛钱，虽然数额微小，但积少成多。这种几乎是人人可以举手做到的微公益，用自己的微动力和新实验改变乡村的面貌和乡人的生活。在这项行动中，很多知识分子身体力行，从帮助村民建立话语权、发出自己的声音入手，在最弱小最需要帮助的乡下和农村付出自己的心血和精力，用点滴之间的努力改变着村民的生活和观念，并用自己的影响力吸引更多的人参与和关注，试图填平城乡鸿沟。

2012年4月13日，由中国人民大学舆论研究所与百度共同推出的《中国社会舆情年度报告(2012)》在北京发布。这个报告指出，微博作为媒体平台在2011年崛起,微力量推动了社会变革,微公益提振了社会和谐度。报告指出,“中国社会暖度指数”在2012年呈上升趋势。“回暖”的一个重要原因是民间“微力量”崛起,会聚成社会大爱和社会大温暖,如“随手解救被拐儿童”、“免费午餐”、“随手送书下乡”、“爱心衣橱”等微公益,积聚成社会大爱,增加社会和谐,推动众多网民积极介入到社会现实生活中,积极参与到构建和谐社会之中。政府和民间力量合力的“无影灯式”社会公益将成为未来的主流。

无论是微力量推动社会变革,还是微公益提振社会和谐度,我们都看到了微小力量对于整个社会的向上与向善的促进作用。是故“善小而为”,其善虽小,却能够会聚成社会文明的风向标,彰显民族的精神底色!因此,小事其实不“小”,正如一滴水可以映射出太阳的光辉,爱国常常就在一个微小的地方!所以从点滴做起、从自己做起就是爱国的根本!当然“善小而为”,更着力于一个“为”字,就是行动,就是实干,就是实践,只要肯“为”,爱国就不会流于空谈!因此,千万不要以为你的一个小小行为和动作不会对社会、对国家造成什么影响。实际上,我们平时不经意的一个行为及言语,都可能会对他人及社会造成影响。

央视有一个公益广告是这样说的:“个人文明一小步,社会进步一大步”,所幸我们很多人已经明白这个道理,并将我们的爱国之心注入点点滴滴的小事之中,点点滴滴的爱心正会聚成一条奔腾不息的民族精神之河……

何待明日复明日

“明日复明日,明日何其多!我生待明日,万事成蹉跎……”想必明代诗人钱鹤滩的《明日歌》大家都耳熟能详。

这首诗上学时都背诵过,但儿时的背诵往往是为了完成老师给的任务,而在实际生活中就没有多少人会用这诗句来提醒自己、约束自己。当天的事当天不能完成,特别是不强迫自己一定完成,这样的现象是非常普遍的,自己原谅自己几乎是每个人都会的。当然,这样的一时原谅当时是很难看出什么影响的,然而时间长了,一次次的原谅与拖延将积累起无穷后患。

人一生有多少个明天?明日又是明日,明日是何等的多啊!但如果我们一生做事都要等待明天,将会错过一切机会,一事无成。不要错过大好时光，不要以忙为借口，拖一天又一天。看起来一天两天似乎没什么，但是人的一生不就是一天天累积起来的吗？而且过一天就少一天，过去的一天绝对不会再重复。我们千万不能在明日复明日的拖延中浪费生命。等到万事成蹉跎的时候一切都不可挽回了。今天就是黄金时间，一切只有抓住今天，才有希望！

宋代著名爱国将领岳飞胸怀救国抱负、深感人生苦短，呼吁人们“莫等闲，白了少年头”，要抓紧时间建功立业，不要轻易地虚度年华，随便消磨时光，等两鬓斑白时即便顿然醒悟，也只能徒自悲叹。

传说有一种小鸟，叫寒号鸟。这种鸟与众鸟不同，它长着四只脚，两只光秃秃的肉翅膀，不会像一般的鸟那样飞行，更要命的是，它十分懒惰。夏天的时候，寒号鸟全身会长满绚丽的羽毛，样子十分美丽。寒号鸟骄傲得不得了，觉得自己是天底下最漂亮的鸟儿，连凤凰也不能同自己相比。于是它整天摇晃着羽毛，到处走来走去，还洋洋得意地唱着：“凤凰不如我！凤凰不如我！”夏天过去了，秋天到来，鸟儿们都各自忙开了，它们有的开始结伴飞到南方，准备在那里度过温暖的冬天；有的留下来，整天辛勤忙碌，储备食物，修理窝巢，做好过冬的准备工作。只有寒号鸟，既没有飞到南方去的本领，又不愿辛勤劳动，整天只是东游西荡，还一个劲儿地到处炫耀自己身上漂亮的羽毛。秋去冬来，天气日渐寒冷，鸟儿们都归到自己温暖的窝巢里。这时的寒号鸟，身上漂亮的羽毛都脱落光了。夜间，它躲在石缝里，冻得浑身直哆嗦，它不停地叫着：“好冷啊，好冷啊，等到天亮了就造个窝！”然而，等到天亮，太阳出来了，温暖的阳光一照，寒号鸟又忘记了夜晚的寒冷，于是它又不停地唱着：“得过且过！得过且过！太阳下面暖和！太阳下面暖和！”就这样，寒号鸟一天天地混着，一直没能给自己造个窝。最后，它没能混过寒冷的冬天，终于冻死在岩石缝里了。寒号鸟不得不以生命为自己的懒惰与推脱埋单。

“今天”对任何一个有志之士都是无比可贵的。今天是昨天的继续，又是明天的基础，抓住今天，可以弥补昨天，准备明天。世界上有哪位伟大的人物不是因为抓住了“今天”而成就卓著呢？生物学家达尔文正是抓住了“一个钟头”、“半个小时”等生活中随时可能溜走的暗时间来珍惜“今天”，因而发现了生物界的演进规律——进化论；物理学家牛顿正是利用“今天”的每一秒认真观察潜心研究，因而发现了万有引力定律。当今世界已进入信息时代,时代的迅速进步,要求我们更应该抓住每一分、每一秒的时间,唯如此,我们才能跟上时代的步伐,勇立时代潮头。因而,珍惜“今天”就更加至关重要。

抓紧时间,就等于延长了生命。抓住“今天”就能换取更多的明天,对人类社会的进步就能有所贡献,对中华民族伟大复兴有所贡献。时光如水,稍纵即逝。我们生活在当今知识爆炸的时代,时代要求我们以分秒必争的精神去珍惜“今天”,肩负起建设祖国的重任。唯如此,才不会为自己没有把握“今天”而懊悔,才可以用珍惜“今天”来弥补“昨天”的过失,才能够用珍惜“今天”来为“明天”的成功打下坚实基础。“昨天”在督促我们奋进,使我们不能放弃每分、每秒;“明天”又在向我们召唤,要求我们把握每分、每秒。这一切都只有用珍惜“今天”去实现。我们要把握“今天”的分分秒秒,弥补昨天的缺憾,准备明天的夙愿,做一个走在时间前面的人,不做得过且过的寒号鸟!

与时同行　振兴中华

综观古今,但凡有价值的生命,无不把自己融入时代,与时俱进,为时代进步而苦苦追求,为民族的富强而孜孜不倦。19 世纪的中国,灾难深重,时代要求我们反抗、变革、图强。戊戌六君子选择了她,不惜血洒街市口;詹天佑选择了她,京张铁路“人”字形设计至今焕发光彩。20 世纪初,封建王朝摇摇欲坠,时代呼唤我们摧毁它,黄花岗烈士们选择了她,为追求自由而为之抛下头颅。1919 年 5 月,当中国又一次面临被瓜分的厄运时,亿万青年选择了她,抛头颅洒热血,为了民主与自由。1949 年,中华民族独立了,自由了,当我们面临建设与发展的新时代主题时,王进喜、雷锋等亿万中国人民选择了她,为振兴中华而默默工作。

1921 年中国共产党的成立,使中国人民有了一个实现振兴中华梦想的主心骨。历史无可争辩地表明,中国共产党是领导中国革命和建设事业的核心力量,是中华民族达到民族振兴伟大目标的中流砥柱和根本保证。中国共产党在其 90 年历程中与时俱进,不断扩充自己,容纳社会新元素,吸纳社会新力量,保持了持久的先进性。改革开放以来,中国共产党不断提高自身执政能力,加强自身建设,促进社会和谐,这深刻改变了中国民众和中国命运，对全球发展格局产生了重大影响。

如今，我们站在新的起点，中国进入了全新的发展时代，民族复兴的伟大征程已经开启，但征程上依然荆棘丛生。这就是我们所处的时代，是关系我们民族命运的关键时代。

曾子曰："士不可以不弘毅，任重而道远。"作为青年人，一个国家、一个民族的希望所在，心中无不闪烁着梦想，为实现梦想而不懈追求。当然，梦想不仅是时代造就的，而且梦想的实现更需要一个伟大的时代舞台，当前正处于伟大复兴中的中华民族就是我们努力实现梦想的最好舞台。当前，我国正处于改革与发展的重要时期，时代给予我们青年追求卓越，真诚回报，释放青春能量，点燃青春梦想机遇。或许我们成不了伟人，纵使我们平淡一生，但这都不要紧，群星闪烁时我们同样灿烂，这样的平凡其实是一种伟大。因为只有我们自己清楚，平凡的岗位需要我们付出，火热的生活需要我们的付出，构建整个和谐社会需要我们大家一起付出。而这些付出无疑就是一种奉献，奉献不分大小，没有先后。凭着岁月赐予我们的年轻臂膀和满腔热情，抓住时代赋予我们的神圣使命和大好机遇，全身心地投入到我们所追求的事业中吧，让我们的青春在振兴中华的伟大事业中与时代同行！

有着光荣传统的上海工人阶级紧紧把握知识信息时代的特征，与时代同行，广泛深入地开展振兴中华读书活动，践行民族精神。据《人民日报·华东新闻》2001 年 8 月 28 日报道，由上海工人阶级在改革开放初期首创的振兴中华读书活动，顺应时代的呼唤，不断向纵深发展。近年来，上海职工振兴中华读书活动围绕上海建设国际化大都市的目标，在全市营造了一座提高市民素质、提高城市文明程度的社会化教育大课堂。振兴中华读书活动始终坚持"以科学的理论武装人"的宗旨，在阅读内容、学习理念、学习方式、活动规模、社会功能上发生了深刻的变化，与时俱进，紧跟时代步伐和要求，呈现出新的时代特点，学习邓小平理论和"三个代表"重要思想，学习新知识、新技术，已成为读书活动的主流。随着知识信息时代的到来，振兴中华读书活动的社会教育功能也得到全方位的拓展，上海职工和市民读书学习的积极性空前高涨，读书学习已成为广大职工生活的一部分。据市总工会 2012 年 2 月对 5000 名职工的调查显示：有 61.9%的职工把双休日作为学习充电日；有 49.6%的职工每年在学习培训上花费300～1000元；有81.6%的职工每月至少读完一本书。这表明，在新世纪之初，一个新的读书学习热潮已经在上海出现。

19世纪英国文学家狄更斯面对当时复杂的英国社会现实，发出意味深长的感慨："这是最好的时代，也是最坏的时代；这是智慧的年代，也是愚蠢的年代；这是光明的季节，也是黑暗的季节；这是希望的春天，也是失望的冬天；我们的前途无量，同时又感到希望的渺茫……"

"最好"与"最坏"、"智慧"与"愚蠢"、"光明"与"黑暗"、"希望"与"失望"之间的方向取决于中华儿女的担当。每一个中华儿女都应与时代同行，与祖国同在，勇敢地担当起自己的一份责任。正如一位网友所说：有什么样的人，就有什么样的国家，你的为人处世，也反映出整个国家如何行事。如果你是光明的，那么中国就不会黑暗，但如果你无动于衷，那么中国也将漠然无情。

雷锋说："一滴水只有放进大海里才能永远不干。"一个人只有融入社会才会更有生命力，才会有最宝贵的归属感，也才能释放最强大的力量。从岳飞的精忠报国到文天祥的留取丹心照汗青，从林则徐"苟利国家生死以，岂因祸福避趋之"到艾青"为什么我的眼里常含泪水？因为我对这土地爱得深沉……"，从抗日战争的烽火连天到新中国成立初期的艰苦创业，每个人都应该用自己的力量为社会作贡献，为国为民。无论是贩夫走卒，还是书生，只要负起这个责任，他就是值得尊敬的英雄。一个平凡的人，不需要做多少惊天动地的事，只要时时想着这份责任，并为社会承担这些责任就够了，积少成多，聚沙成塔。千百万人的力量团结起来，我们的国家就会欣欣向荣。

海纳百川 有容乃大
——民族精神的借鉴

于是上九天下九渊，旁求泰东西国民之粹，囊之以归，划分吾旧质，而更铸吾新质……则新灵魂出而中国强矣。

——《国民新灵魂》

党的十六大报告指出："民族精神是一个民族赖以生存和发展的精神支撑。一个民族，没有振奋的精神和高尚的品格，不可能自立于世界民族之林。"民族精神不仅是支撑一国生存发展的精神脊梁，还是团结一国人民的凝合剂，是推动中华民族文明滚滚向前的车轮，是实现中华民族伟大复兴的力量源泉。在全球化的今天，在"各民族的精神产品成为公共的财产"的时代，丰富和发展中华民族精神的内涵需要我们以"海纳百川"的胸怀与国外优秀文化资源大胆交流对话，取长补短，吸收借鉴，汲取文明的营养。

世界视野 民族情怀

鲁迅先生曾说过这样一句话："（文学艺术）有地方色彩的，倒容易成为世界的。"先生这句话，寥寥几个字，却充满哲人的智慧。从这个意义上看，任何一个民族的文化，越是具有民族特色，它就越能够成为世界文化遗产中不可缺少的部分。我们中华民族优秀传统文化中的很多要素部分都十分契合这一说法：物质类的像长城、兵马俑等被列入世界文化遗产之中，受到不仅是国人而是全人类的关注与保护；我们的旗袍不仅只受到国人的欣赏与追捧，在巴黎时装周上依然可以登台亮相，吸引世界的眼球。

非物质类如书法，外国人虽不懂汉字，但依然不妨碍他们品味其中的韵味；我们的武术更是早已踏出国门，老外打太极、好莱坞电影中的“中国动作”早已不是稀罕事。

京剧，是中国国粹，是集中国戏曲之大成者。它优美的音乐、潇洒的舞步、漂亮的戏装、引人的故事，以及时而委婉时而高亢的唱腔，令无数国人为之倾倒。然而，这种纯粹以中国的文化符号来演绎的剧种，能被异域的美国人所接受吗？在梅兰芳走到大洋彼岸前，谁都没有把握。可是，奇迹出现了。1930 年 2 月 16 日，在纽约百老汇剧场，梅兰芳举行了他访美的首场演出。开始时虽然剧院里有少许退场的人，但慢慢的人们开始可以领略京剧中的美，终于到第三天，纽约轰动了，戏票被预售一空，甚至国家剧院不得不改变计划，让梅兰芳续演三周。据说，在《霸王别姬》一折戏中，当梅兰芳饰演的虞姬酒微醉而仗剑起舞时，其美丽的身姿让美国人完全陶醉了。一位手型研究专家看过梅兰芳的戏后说，舞台上梅兰芳的手，堪称世界上第一美女的手。从未见过的东方艺术，吸引了挑剔的美国人。在这里，差异反而转化成巨大的吸引力。大概，这就是“民族的也是世界的”的道理。

古往今来，文化或精神作为一种人类文明的载体，总是在不断超越民族自身界限的过程中丰富和发展起来的，不愿同异域进行交流的文化，总是要枯萎、没落的。特别是今天全球化浪潮变得不可逆转的时候，各民族的文化就更应该抛弃狭隘和封闭，用世界性视野勇敢地在同世界的交流中壮大。

从北京奥运会中可以清楚窥见思想与文明的碰撞、交融。本届奥运会三大理念的提出离不开对我国优秀文化传统的继承和发扬，也离不开对世界优秀思想的借鉴。“人文奥运”的说法最能体现这种继承与借鉴。“人文思想”，归根结底说的是人的重要性，强调人性的回归和人在社会、历史发展中的重要作用。在中华民族的漫长历史中，早就强调人是宇宙万物的中心，正所谓“人为万物之灵”，“赞天地之化育”，这体现了古人与自然万物并驾齐驱的一种风貌。相对于中华民族的人文精神来讲，西方所体现出来的人文精神则具有较强的功利性及革命性，这主要是因为其兴起之初批判矛头直接指向封建意识形态、等级制度和宗教神学，强调尊重人，以人为中心，一切都为了实现人的利益。其具体主张包括强调个性解放和个性自由，天赋人权，人人都有追求幸福自由的权利等。尽管中西人文精神在具体的阐释和实践中带有明显的文化性差异，但二者在价值取向上是一致的：它们的出发点都是人的价值，以人为终极关怀，突出了人文主义在各自哲学、文化系统中的位置；两个人文主义传统有共同的指向，即反对一种对人主宰、剥夺人的自我控制权的超验力量。含蓄谦逊的中国人文精神，是中华民族输出给世界的宝贵价值，同样，热情奔放的西方人文精神是世界送给中国的礼物。“人文奥运”理念的提出，是二者相互借鉴、完美融合的最好诠释。

上海世博会是另一场文化交流的饕餮盛宴，是又一个中国奉献给世界的文明与智慧的宝盒。它不仅有利于推动重大的科技创新，提升我国的国际形象，促进世界多元文化的融合，其更加深远的意义还在于引起了不仅是国人而且还包括世界各族人民的发自内心最深处的共鸣：穿行于一个个来自不同文化与历史的展馆，人们可以驻足沉思，静心感悟，重新定位人与人、人与社会、人与自然、人与历史之间的关系。如同趟过一道道历史之河、心灵之河，不论顺流而下，还是沿溪而上，人们都可以在其中找到历史的脉络，寻到文明的方向，汲取智慧的营养。上海世博会以“城市，让生活更美好”(Better City, Better Life)为主题，城市是人类文明的集中代表，而这样一个主题，与现代国家的发展节奏相契合，与现代人的时尚追求相搭配，本身就是促进世界多元文化交流、对话、理解、共享的平台；而创设这样一个包容多样的平台，既是世博会一以贯之的宗旨，也是中华民族所要谋求的日益走向开放、包容、科学、文明的国家形象的基本内涵。相信世界听到了中华民族在上海世博会上传递的声音，也将看到未来中华民族发展的道路。

在这个意义上，民族的也是世界的，这是一种跨越国界、肤色、语言、意识形态等外在局限的认同和欣赏。所有的一切没有明晰的你我他之分，只有一种说法叫“人类智慧结晶”。这种交流，这种博爱，是你的追求，我的坚持；这样的包容、这样的进步、这样的强大才是世人喜闻乐见的，才是浩浩荡荡的世界大势所趋。

开放包容　有容乃大

2010年,中国超越日本成为世界第二大经济体。2011年,中国国内生产总值47万亿人民币,约合7.5万亿美元。据国家统计局网站消息,2011年全年进出口总额36421亿美元,比上年增长22.5%,其中出口18986亿美元,增长20.3%,进口17435亿美元,增长24.9%;外汇储备3.181万亿美元,世界第一;财政收入首次突破10万亿元。世界第二大经济体更加名副其实。然而正如我国在国际统计上常有的尴尬一样,巨大的成就一旦被庞大的人口基数缠上,结果就不那么乐观了:中国2011年的人均GDP约为5184美元,排名全球第90位,而与此同时全球的平均水平是9998美元,我国刚过平均水平的一半。

在经济全球化的今天,骄人成绩的取得不是光靠我们自己就能办到的,更离不开对他国相关经验的借鉴以及更多层次上的交流对话。总而言之,我们需要倡导一种包容性的民族精神,正所谓他山之石可以攻玉,"开放"两个字是帮助我们进一步成长的金钥匙。

熟悉我国历史的人都应该知道,开放包容和兼收并蓄向来是我国的历史传统。汉朝就开辟了丝绸之路和海上丝绸之路,一方面打通了西域和汉交往的通道,开辟了中国和欧洲、非洲大陆的通道,促进了汉和西域的经济文化交流,另一方面丝绸之路上流动着的不仅是物质资源,还有文化资源,丝绸之路不可避免也顺理成章地成为不同文明相互联系的纽带。盛唐时期中国的对外开放达到一个空前的水平,中国同周边各国如朝鲜、日本、波斯等都有密切交往,这一方面有利于建立充分认识自我的参照体系,另一方面有利于准确把握世界态势,适时促进自身的发展。到明朝时期,对外开放又达到一个高潮,郑和下西洋的壮举无疑是最好的例证。这些举措的重大历史意义不仅仅体现在对于我国灿烂辉煌的古代文明的建构有着不可磨灭的功劳,更体现在它促进了一种传统、一种习惯的形成,简单地说就是"互通有无,取长补短",其神奇之处在于,这种传统和习惯一旦融入民族精神当中,就会形成强大的推动力。与此相对,闭关锁国,杜绝交往就会落后于世界,就要受欺负。清政府那一段暗无天日的岁月，中华民族的血泪史，用铁一般的事实让我们对此有了深刻的体会。

当代，“对外开放”已经是我国的一项基本国策，从20世纪70年代末提出到现在已30余年，其着眼点在于发展经济，旨在提高物质生活水平。在开放期间我们也确实取得了举世瞩目的成就，“中国奇迹”、“中国模式”在世界上的火爆用现实印证了这一思路的正确性，但是必须明确的是这首先是国人观念的进步，视野的开拓，某种程度上说这种进步比物质利益更加难能可贵。邓小平指出，“贫穷并不是社会主义”，“对外开放绝非崇洋媚外”。在这一时期，“开放”的意义不仅在于它及时为我们指明了一条建设社会主义的道路，让国家挺直了腰杆儿，让人民鼓起了腰包儿，更在于它突破了闭关锁国的桎梏，破除了盲目自大的精神误区，让国民的眼界和内心都焕然一新，为国民的精神世界重造了一盏指路的明灯。可以肯定地说，夜郎自大，活在自己为自已造的乌托邦之中并不是什么浪漫的事，对于发展而言，无论是物质还是精神上都没有完全的禁区，市场经济可以为我所用，自由平等的理念在我们身上也依然可以发光发热。应该说，这许多显性和隐性成绩的取得，是中华民族大胆创新、勇敢拥抱世界的结果。“开放”也是对我们民族精神的继承发扬和丰富，中华民族必将坚定不移地秉承这一精神。

中法文化年是由法国政府与中国政府合作举办的一系列大型文化交流活动，举办的大小项目达到300多个。其中，康熙时期文化展、三星堆文物展、中央民族乐团演出等在“古老的中国、多彩的中国、现代的中国”三大主题下向法国及世界展示了中华民族文化的敦实厚重与博大精深。而法国法兰西巡逻兵访华特技飞行表演、法国印象派画展和法国百年时尚展等则让我们领略了西方文化的活力与热情。在西方国家中，法国很早就被中国文化吸引。在16世纪，法国一批人文主义作家就对中国产生强烈兴趣。拉伯雷认为“智慧的神瓶”在中国，蒙田则把中国看做是“欧洲的典范”。18世纪，法国的启蒙思想家掀起了长达半个世纪的“中国热”，并把“中国风”吹向整个欧洲。新中国成立后，特别是改革开放以来，中国发生了伟大的社会变革，外界了解中国的愿望日益强烈。在世界范围内，“中国热”悄然而生。在此背景下，中法文化年闪亮登场。

应该说，中法文化年的互办是一种崭新的外交方式——文化外交，它是我国扩大对外开放的结果，体现了我国友好合作的态度和主动开放的姿态。其意义不仅在于有助于推动两国友好关系的发展以及经济合作的深化拓展，更在于有利于增进两国人民的互相了解，有利于我国人民培养和强化开放包容的心态和胸怀，从而去主动了解世界和让世界了解自身。

国门开放的同时更需要国民“心门”的开放，这不仅是要求我们勇于接受新事物，更要求我们理性和成熟心态的建立，而在这一点上，我们还做得不够。不可否认的是随着我国的发展，在迈向真正意义上的大国和强国的路上，国民有时还不太具备相应的理性和成熟的心态来与之匹配，在面对外界别有用心的夸奖和指责时，我们时常并不冷静，也有失客观。避免这一尴尬，增强与我国经济实力等硬实力相匹配的软实力，使理性和包容成为国民心态中的常态，在当下显得尤其重要和必要，而其途径必然依赖于中国人民用开放包容的心态来审视自身、观察世界，从而对赞许淡然处之，对指责冷静面对。

每一种民族精神的诞生繁荣都需要新思想的注入，如果没有新的思想注入，这种文化就如同无源之水、无根之木，最终只会衰竭，直至死亡。历史上不愿接受外来思想的文化很多，其中多是一些较小、较弱的民族文化，也许正因为弱小，自我保护意识就很强，因而造就了故步自封的思想，形成了抵制外来文化的恶果。也正因为如此，在这林林总总的文化种类中，有的已经消亡早已不见踪迹，有的已到了濒临灭绝的地步。

所以，博采众长永远都是一种充实发展自身的方式，其内在含义便是开放包容。开放包容不仅是一种实现我国全面发展的途径，更是一种心态、胸怀和境界。一个懂得尊重和重视开放包容的民族才会诞生伟大的精神，一个拥有伟大精神的国家，才能拥有不断前行的力量。

辩证取舍　吸取精华

几千年的历史涤荡，几千年的辛勤耕耘，几千年的峰回路转沉淀下了熠熠生辉的中华民族精神，它是孔子、孟子、墨子等的人格学术，它是周之姜尚、齐国管仲、蜀之诸葛孔明、清之曾公文正等的政治品格，它是汉之班超、宋之岳飞等的忠勇武烈;它是井冈山精神所代表的艰苦奋斗,它是两弹一星精神所代表的积极进取,它是抗洪精神、抗击“非典”精神所代表的团结和无私。正是如此伟力缔造了我中华民族五千年不曾间断的灿烂文明和辉煌历史。回头再看那段赏心悦目的论述,那并非是国人夸大其词,而是谁都无法否认的事实。中华民族在历史上的位置,横尽东西,竖穷千古,少有哪个国家可以与之相提并论,这其中自然离不开我中华民族精神的推动。然而在当代,中国已不复历史上的显赫地位,在全球化的背景下欲实现中华民族的伟大复兴,塑造新辉煌已不能仅靠“吃老本”,《国民新灵魂》中强调“上九天下九渊,旁求泰东西国民之粹,囊之以归,划分吾旧质,而更铸吾新质”。鲁迅也指出:“国民精神之发扬,与世界见识之广博有所属。”这都要求我们要学习、借鉴国外优秀传统。

然而“一方水土养一方人”,不同的土地天空、不同的历史、不同的文化传统滋养了不同的民族精神,正如“世界上没有两片完全相同的树叶”,不同国家的民族精神各不相同,淮南为橘,淮北为枳,如果只是简单地物理嫁接或者“拿来主义”很容易有“水土不服”的症状,不仅难以消化吸收,反而不伦不类、不土不洋。欲避免品尝“淮北为枳”的苦涩,必须认真审慎,“择其善者而从之”。古人云“泰山不拒细壤,故能成其高;江海不择细流,故能成其深”,欲使中华民族屹立于世界民族之林,就需要有这样的气魄与胸怀。

美国的早期历史确实发人深省,他们对全人类所作的启示,不是空洞的告诫而是实际的行动,不是口头的教诲而是如何生活的楷模。遥想当年,当那些横越大西洋的移民,初踏北美大陆之时,是何等欣喜若狂,何等地憧憬着这个被喻为圣经中描写的“山巅之城”的美丽。然而,清教徒面对的却是荒芜之地和印第安人的弓箭长矛。他们每天都要对付原始的北美大陆上无数的困难和危险。他们没有条件更没有时间去研究圣洁的神学和逻辑的哲学,而要把目光转向如何标明新城镇的边界、如何获得赖以生存的物资资源、如何对付印第安人的威胁等。总之,移民生活使他们更加讲究实际。在短短两百年的历史中,美国涵养了民族精神底蕴的实用主义精神,这种精神使得美国人民相较于其他民族更加富于一种“竞争、牺牲、冒险”的特质。相比之下,我们的传统崇拜推崇的是箪瓢陋巷的颜渊、悠然见南山的陶渊明等隐世之高人,我们缺乏企业精神,所以工业家和实业家被放在最末,因为更向往平淡,所谓“平平淡淡才是真”。于是,当西方在近代将科学转化为生产力,昂首向更高的文明迈进的时候,我们不仅对落后无动于衷而且即便在国门被西方的大炮和商品打开之后,仍有相当的国人斥西方的技术为奇淫技巧,坚持“祖宗之法不可变”,于是中国近代的落伍也就成为一种必然。

至于俄罗斯民族的精神特质,国际政治现实主义之父汉斯·摩根索在其著作《国家间政治》一书中列举了这样两个事例:1859 年的一天,俄国皇帝到位于保罗宫和涅瓦河之间的夏季公园去散步,皇帝在那里看到一个哨兵站在草坪中央,当问及他为什么站在那里,这个士兵只能回答说:“这是命令。”于是皇帝派他的随从到警卫室去询问,但除了寒来暑往哨兵都必须站在那里的回答之外,没有得到其他任何解释。直到这件事情在宫廷里被提起,其中一个仆人站出来说明,有一次他与父亲从夏季花园中的哨兵旁经过,父亲告诉他:“他还站在那里护卫过花呢。就是在那里,凯瑟琳女皇曾经发现一朵雪莲花开得异乎寻常地早,并命令不许摘花。”该命令被执行,那块地方布了哨兵。从此,就有哨兵年复一年地站在那里。另外一个例子是,1825 年圣彼得堡发大水时的哨兵和 1877 年希普尔关口的哨兵,由于没有接到撤离的命令,前者被淹死,后者被冻死在山岗上。这种在哨兵身上反映出来的俄罗斯民族的“基本力量和坚韧性”,是其保障民族生存和实现国家发展的力量源泉。1700—1721 年,彼得大帝为了打开通向欧洲的出海口,与瑞典进行了耗时 20 年的北方大战,击败了瑞典几十万大军,使俄国从一个内陆国家发展为一个濒海强国。1812 年,拿破仑率 60 万大军入侵俄国,结果一败涂地,不但损失了大部分军队,还导致了后来的垮台。在伟大的卫国战争中,苏联人民不屈不挠、顽强战斗的精神让全世界折服,纵观第二次世界大战,苏联人民以巨大的民族牺牲,战胜了当时世界上最强大的敌人德国法西斯,消灭了盘踞在中国东北的百万日本关东军,为人类的文明进步和世界和平作出了卓越的贡献。俄罗斯人在民族存亡和国家发展的重要关头,都能毫不犹豫地挺身而出,表现出大无畏的民族精神和坚韧不拔的顽强意志,显示出俄罗斯民族强大的爆发力、创造力、凝聚力和生命力。

日本人非常推崇孔子“人无远虑,必有近忧”、孟子“生于忧患而死于安乐”的生存哲学,这种忧患意识就像一柄“达摩克利斯之剑”悬在日本人的头上,并深深地贯穿到其民族心理。日本人对自己的评价通常是偏低的,认为自己国家除了海浪和空气什么都没有,这是日本企业界经常说的话。在年人均GDP达4万美元的国度,很多的日本人在一滴水、一度电上精打细算。例如,日本城市倡议空调不低于28度,结果所有社会团体、社区、学校都将温度控制在是28度。有的地方甚至把空调的按键用胶带封住,固定在28度上。国土狭小、资源匮乏的客观环境是日本的"阿喀琉斯之踵",强烈的忧患意识正是这种特定环境的产物,也是日本民族鲜明而稳定的性格特征。

歌德的《浮士德》讲述了这样一个故事:浮士德与魔鬼签约,把灵魂抵押给魔鬼,而魔鬼要满足浮士德的一切要求,如果浮士德认为得到了满足,灵魂就归于魔鬼,于是浮士德经历了书斋生活、爱情生活、政治生活、追求古典美和建功立业五个阶段的生活,并在此期间积极探索、追求真理。本书所写的这个故事生动、深刻地反映了德意志民族那种自强不息、锐意进取、精益求精、永不满足于现状的精神。这种精神在很多德国人身上都体现得很突出,德国的产品质量在世界上有口皆碑,举世公认,这与他们追求更美好、更完善的精神一脉相承。有一则小幽默可以体现德国人的认真和精益求精:德国人觉得中国的饺子好吃,于是向中国人请教做法,在教授的过程中中国人显得有些无奈,因为德国人会问这样的问题,"面粉要多少克"?"面皮的直径是多少"?甚至会亲自拿着天平和尺子度量。读来令人忍俊不禁,但是其对完美的不懈追求可见一斑,正是由于有了这种永无止境的追求精神,德意志民族才始终保持了旺盛的生命力,才可以在二战失败的废墟上,经过几十年的艰苦奋斗,国家迅速恢复元气,重新成为欧洲乃至世界政治舞台上一支不容忽视的重要力量。

综观世界各个优秀民族,我们看到:德意志民族严谨理性、坚毅刚强而又极其自信;法兰西民族深蕴革命精神与批判气质却又不乏浪漫主义情怀;英格兰民族既有追求财富、开拓创新的工业精神,却又不时表现出一种保守的色彩,只是请注意,英格兰的保守是一种对优秀传统的守护;俄罗斯民族深沉忧郁而极具宗教的超越精神;苦难意识、锡安情结与抗争精神凝聚了犹太人爱国复国的热忱,契约精神、法治原则与全民崇智造就了今天犹太人的成就……可以看出,每一个优秀的民族在自己的发展过程中都熔铸了独具魅力的民族精神。海纳百川,有容乃大,在当今全球化背景之下,如何弘扬与培育中华民族精神,离不开对世界其他民族的文化与精神的观照、借鉴。唯其如此,我们才能进一步认清自己民族精神的内涵与特点,并为中华民族精神的继承和提升开辟新的天地。

世界上优秀民族精神本身不会衰弱更不会消失,对我们来讲,用不用是一回事,用好或者用不好又是另外一回事,关键在于"态度"两个字。当代摆在我们面前的首先是中华复兴大业和社会主义建设的艰巨任务,那么既然是精华,就该"取",用尽全力借鉴学习,让它为我们服务。这种学习有赖于一种氛围的建立,汲取外来营养绝不能单靠个体之力,而要靠全体国民的共同努力,一种学习"情结"的熏染。柏拉图的理想国,常常重视音乐和艺术,以求社会生活的和谐;我国的先贤孔子也特别重视礼乐,试图培养道德情操,达到社会生活的调和;感动中国节目的成功和高明之处在于它能引起社会不由自主的、发自内心的共鸣。这三者的可贵之处在于以一种"润物细无声"的方式达到一种"无声胜有声"的效果,这种效果的实现,往往是根深蒂固的。因此,对国外民族精神的学习,不能局限于一时一地,而必须使它成为一种情结,在国民当中一以贯之。

至于拜金主义、利己主义等精神鸦片我们应该有清醒的认识,相信只要国人警惕、自省、自勉,它们是不会有多大市场的,必将被国人舍弃。加之国人理性和成熟的心态成为常态,以及精神世界的充实升华,"辩证取舍"相对于"拿来主义"将发出更大的声音,也将发挥更大的建设性作用。

转化再造　创新发展

梁启超先生曾经讲:"凡一国之能立于世界,必有其国民独具之特质,上自道德法律,下至风俗习惯、文学美术,皆有一种独立之精神。"这种独立之精神就是"中国风格、中国气派"。自近代以来,一些先进国人对此"上下求索",尤其是中国共产党人更是带领中国人民以海纳百川的胸怀和开拓创新的精神广泛吸收各民族优秀文化成果并转化再造,逐步形成了独具特色的中国风格和中国气派。

1902年,梁启超以"中国之新民"为笔名,在《新民丛报》上发表了《新民说》。他指出，“新民”包括“淬厉其所本有而新之”与“采补其所本无而新之”两层含义，“有宏达高尚完美，厘然异于群族者，吾人当保存之而勿失坠也”。同时也要“博考各国民族所以自立之道，汇择其长者而取之，以补我所未及”。也就是说，对于国民性格中的优秀品质，应该继承并加以更新以适应时代需要，国民性格中的缺陷则应吸取其他民族中的优点加以改进。

《国民新灵魂》中，则提出“合吾固有，而兼采他国之粹”以铸造五种新灵魂：“一曰山海魂”，“夫气吞云梦，口吸西江，指先须弥，胸蟠五岳，山海魂之谓也”；“二曰军人魂”，“一切社会之组织，皆当以军人之法律布置之；一切国防之机关，皆当以军人之眼光建设之；一切普通历史、风俗习惯，皆当以军人之精神贯注之”；“其三曰游侠魂”，“共和主义、革命主义、流血主义、暗杀主义，非有游侠主义不能担负之”；此外还有社会魂（平民魂）和魔鬼魂（秘密运作革命行为）。《国魂篇》第三节指出陶铸国魂应当注意三件事：一是“察世界之大势”，二是“察世界今日之关系于中国者奚若”，三是“察中国今日内部之大势”。其中体现了作者的“世界主义”思想，即国家要生存发展必须明了世界大势，并从中学习以及作出相应改变。

仁人志士们的诸多主张和言论是探索民族精神、寻找中国特色的伟大尝试，他们对“塑造国魂”的清醒认识和深刻探讨，放之当代对我们依然有积极的借鉴之处，但因为当时时局的局限使他们无法将其所倡导的付诸实践，只停留在了思想层面。不同的是，当代中国已今非昔比，无论是从国力来看还是从我们所处的世界环境来看，“以我为主，为我所用”有了更稳定的实现条件，转化再造以塑我中国风格、中国气派的说法也更加有底气。

《红旗文稿》2010 年第 15、16 期发表了题为《对繁荣发展中国特色社会主义文化的思考》的文章。文章认为，吸收借鉴外来文化，不应当是单纯的“物理嫁接”，而是有机的“化学反应”，目的是为了转化再造、丰富发展我们自己的文化。如果生吞活剥、囫囵吞枣，必然导致消化不良。

毛泽东曾强调：“对待外来文化，应当以中国的实际需要为基础，如同我们对待食物一样，必须经过自己的口腔咀嚼和肠胃运动。中华文化一个很大的特点，就是对外来文化有着强大的整合能力，许多外来文化传入后，都实现了同中华文化的有机融合。吸收外来文化，贵在以我为主、为我所用，重在实现中国化、本土化。要把优秀的外来文化同我国的传统文化结合起来，融入中国文化的元素，打上中华文化的烙印；要同中国的现实需要结合起来，解决中国的实际问题，服务人们的生产生活实践；要同中国人民的接受习惯结合起来，创造适合中国人民思维方式、审美情趣的表现形式，为中国人民喜闻乐见。只有通过转化再造，形成中国气派、中国风格，才能在中国的土地上生根发芽、开花结果。"相比"古规今随"和全盘西化，这是一种理性客观的态度，前人的诸多主张也已经很好地体现了这种态度。毫无疑问，无论多优秀的东西我们都不能照抄照搬，而应该让它接中国现实之"地气"，生长出有我们特色和风格的话语权。

关于人权问题中西方在观念上一直存在差异，如西方重视个人人权，而我国重视集体人权；西方重视人的自然属性、个人性、利己性以及个人与他人的分离性，而我国则比较强调社会人即人的社会性、道德性以及个人对他人的依存性。这些差异是中西方不同的历史境遇和文化传统长期积累的结果，必须正确看待，二者并无孰优孰劣之说，我们不应因取得一点成就而轻易否决别人更不应因受外界诟病就否决自己。在这个问题上不能"一刀切"，而是应认真分析国情和时势，积极参与国际人权对话，树立"中国风格、中国气派"。

2011 年，我国《人权蓝皮书》指出，改革开放以来，中国人权事业在理论、立法和实践上实现了一系列突破性的进展。既提出了"生存权和发展权是首要的基本人权"等一系列重要观点，更制定了一系列人权保障的法律。2004 年在《宪法》中明确规定了尊重和保障人权的原则是一个里程碑，2012 年通过了关于修改《刑事诉讼法》的决定，将"尊重和保障人权"写入总则是又一进步。据统计，自 1978 年以来，中国在人权保障方面共制定了近 160 个法律法规。这些都体现了我国对人权问题的重视和对世界潮流的顺应。

在人权问题上，中国政府和人民从自己的历史和国情出发，从世界性的有益经验出发，根据马克思主义的基本原理和长时期革命和建设的实践经验，在积极参与国际人权领域中的活动和对外人权斗争中，将人权的普遍性与中国历史、文化和现实的特殊性结合起来，形成了具有中国特色的社会主义人权观。这种人权观主要包括：人权普遍性的原则必须同各国国情相结合；人权不仅包括公民政治权利，而且包括经济、社会、文化权利，不仅包括个人人权，还包括集体权；人权在本质上是一国主权范围内的问题；评价一国的人权状况不能割断历史，脱离国情；对话与合作是促进国际人权发展的唯一途径等。从以上我国关于人权的基本观点中可以清晰地发现西方理念的影子，同时也能体会到浓厚的中国风格。

“中国风格、中国气派”是一个体系支撑，让我们有自己独特的形象和发展道路，精神上不会轻易波动，不会被别人牵着鼻子走，这其中有外界的优秀因子的组成，更有中华民族智慧的结晶。这不是讲排场摆姿态，而是转化再造后的融会贯通和包容，是对我们民族精神内容的丰富和境界的提升。这不仅要靠政府的努力，更需要普通民众的参与。总之，在借鉴吸纳他国优秀民族精神的同时，我们应该具备一种“以我为主、为我所用”的消化吸收能力，积极发挥中华民族的主体性意识，锻造独树一帜并为世界认可的中华民族精神。

薪火相传　龙腾世界
——民族精神的弘扬

要在全体人民中大力弘扬以爱国主义为核心的民族精神和以改革创新为核心的时代精神,增强民族自尊心、自信心、自豪感,激励全党全国各族人民为实现中华民族伟大复兴而团结奋斗。

——胡锦涛

新中国成立以来尤其是改革开放以来,中国共产党领导全国人民团结一心,锐意进取,战胜各种风险考验,谱写了改革开放波澜壮阔的历史画卷,赋予民族复兴新的强大生机,靠的是弘扬伟大的民族精神。今天,构建社会主义和谐社会,建设富强民主文明和谐的现代化国家,是前无古人的伟大事业。实现中华民族伟大复兴,让中华大地继续迸发出前所未有的活力,就必须要振奋和弘扬民族精神,使之成为推动中国特色社会主义伟大事业前行的强大精神动力。

高举民族精神的旗帜

民族精神作为一个民族文化身份认同的最核心元素,具有鲜明的自身特质,它在精神气质上把一个民族与另一个民族区别开来。一个民族如果没有民族精神,就不会有民族自我认同的凝聚力。在五千年的历史演进中,中华民族形成了以爱国主义为核心的团结统一、爱好和平、勤劳勇敢、自强不息的伟大民族精神。作为民族漫长历史的积淀与升华,以爱国主义为核心的伟大民族精神,已经深深熔铸在每一个民族成员的意识、品格、气质和行为之中,成为中华民族凝聚力和向心力的重要源泉。

求索天地间,上下五千年。中华民族的仁人志士们用他们的青春和热血捍卫了轩辕炎黄的至高尊严,谱写了华夏文明的永恒赞歌。正是这种对中华民族深深的认同感和荣辱感,凝聚起了全民族的力量,支撑着这个饱经沧桑的民族一步步走出阴霾、迈向辉煌,巍峨傲然挺立于世界民族之林!

苟利国家,不求富贵

热爱国家,忠于人民,将国家利益和民族大义始终放于至高无上的地位是我们民族最伟大、历史最为悠久的精神传统。明朝抗倭名将戚继光,面对倭寇侵扰,率军在浙、闽、粤沿海诸地抗击来犯倭寇,历十余年,大小八十余战,终于扫平倭寇之患,被誉为“民族英雄”。而随后的郑成功也以赶走荷兰殖民主义者、收复祖国领土台湾的业绩载入史册。这些事例都是中华儿女维护和捍卫国家民族利益的生动写照。

在爱国主义的感召下,无数中华儿女以爱国为崇高之志,以报国为终身之责,将强烈的爱国情感深深扎根于自己的肌体之中,中国历史因而不断涌现出种种饱含了民族精神的难忘史实,如屈原的“上下求索”、苏武的“持节不屈”、岳飞的“精忠报国”、文天祥的“光照汗青”!中华儿女时刻以史为鉴,中华儿女始终团结一致。他们总是不畏强暴、奋起反抗;他们总是前赴后继、勇于创造;他们总是英勇豪迈、铁骨铮铮。纵览人类广袤的历史长河,他们不停地书写着自己无垠浩瀚的爱国情怀。

天下兴亡,匹夫有责

时至近代,中华民族与殖民主义、帝国主义的矛盾逐渐成为社会主义矛盾,反殖反帝的共同目标和寻求民族独立解放的共同使命进一步把中华民族紧密地团结成一个坚强整体。中华民族的凝聚力——“驱除异族、卫我中华”的民族精神,在外族的压力下令人惊叹地飞速形成。

“积人成国,国人一体,强弱存亡,责任在己。”唇亡齿寒,家国一体,国运的兴衰浮沉,影响着中华民族每一个个体的荣辱安危。在振兴民族的呐喊声中,中华民族的优秀儿女们将个人的命运同祖国的命运紧密相连,把个人的发展和民族的发展融为一体。无数有识之士为改变近代中国的屈辱境遇而奋斗终生。从虎门销烟的林则徐、大败法军的冯子材,到甲午海战的邓世昌、戊戌变法的谭嗣同,从吹响民主革命号角的辛亥革命、振聋发聩的五四运动,到气壮山河的万里长征、艰苦卓绝的八年抗战……争独立、求解放的斗争从未停止。直到中国共产党领导人民推翻三座大山、取得新民主主义革命的胜利,中华民族才改变了半封建半殖民地的社会性质,实现了民族独立、人民解放的历史任务,使古老的中国焕发了青春。

在屈辱的中国近代历史中,无论大江南北、海内海外,紧急关头、危难时刻,“振兴中华”总是响遏行云的时代强音,“民族复兴”总是内聚人心的强大动力。沧桑百年的近代历史向我们表明:以爱国主义为核心中华民族精神,是动员和凝聚全民族为振兴中华而奋斗的强大精神力量!

洋装在身,心怀中国

顾盼风云,征途漫漫。中国,我们的民族站起来了,我们的民族还需要强起来!新中国成立以后,56 个民族的儿女们团结一心,自力更生,艰苦奋斗,用自己勤劳的双手,以极大的韧性,把百业待兴、千疮百孔的旧中国逐步建设成当今国内生产总值雄踞世界第二、综合国力显著提升的富强之邦。

“洋装虽然穿在身,我心依然是中国心。”中华儿女对自己国家和民族的感情时刻蕴含在心底,如同与父母家人的感情一样,永远无法割裂开。28 年前,一曲唱尽海外游子心声的流行歌曲让香港歌手张明敏的名字为亿万中国人乃至全球华侨华人熟知。28 年后,他在接受采访时感慨道,自己从当年的《我的中国心》唱到如今的“我们的中国心”。一首歌曲见证的不仅是歌者人生际遇的转变,更是“东方之珠”回到祖国怀抱 15 年来香港人心的回归。背靠祖国的强大支持,香港不但更加繁荣,也和内地的联系日益紧密,香港人的国家观念和国民身份认同感也不断增强。

今天,在国外许多城市的唐人街,每逢佳节,旅居五湖四海的侨胞心中就会升起浓浓的思乡情,都要举行吃中餐、逛庙会、舞龙灯等隆重的庆祝活动来欢度佳节。与此同时，我国每年举办的各种祭祀活动，如祭祀伏羲、祭祀黄帝、祭祀大禹、祭祀孔子等，都会有成千上万的海外华人回到祖国，共同祭祀中华民族的人文始祖和道德始祖。这些庆祝活动和仪式都表达了海外华侨华人对中华民族深深的眷恋和对中华民族的强烈归属和认同。

放眼长城内外，对祖国的热爱之情、对祖国的报效之意被每一位中华儿女转化为实现祖国繁荣富强和民族伟大复兴的切实行动。从新中国建设时期的王进喜、雷锋、焦裕禄、钱学森，到改革开放后的任长霞、袁隆平、杨利伟，还有那保家卫国的子弟兵、抗震救灾的先锋队、载人航天的科学家、北京奥运的志愿者等，他们都是中华优秀儿女中的杰出代表，他们都载满着对祖国深深的爱恋。

进入新时期，中国现代化建设的艰巨性、繁重性世所罕见，改革发展稳定任务的复杂性、挑战性前所未有，中华儿女正在中国共产党的领导下，高举爱国主义旗帜，凝聚各方力量，为大力弘扬民族精神而开拓奋进。

夯实民族精神的根基

“仓廪实而知礼节，衣食足而知荣辱。”弘扬和培育民族精神是一个复杂而系统的工程，需要各领域的相互协调与配合。在这一工程中，经济建设起着基础性的作用，因此，要大力发展社会主义市场经济为弘扬和培养以爱国主义为核心的民族精神提供物质保障。正如邓小平同志所指出：“物质是基础，人民的物质生活好起来，文化水平提高了，精神面貌会有大变化。”另一方面，我们也应看到，经济基础对上层建筑的决定性作用，不同历史时期的经济生产形态和经济结构也决定了中华民族精神不同的具体内容。

湖广熟，天下足

中华民族是勤劳勇敢和富有创造精神的民族。在几千年的古代历史长河中，中华民族以其繁荣的经济和辉煌的科学技术成就蜚声世界。中华民族发达的农业与手工业、四大发明和众多闻名于世的科学家，对人类社会的进步与发展产生过深远的影响。

东亚大陆得天独厚的自然条件和地理生态环境,孕育了华夏民族以农耕经济为主体的经济生产形态。“日出而作,日落而息”就是农耕文明的生动写照。大约成书于西汉初年的《管子》认定“孝弟力田者”,也即农人,是社会的中坚,高倡以农为本。劝诫统治者务本以安邦:“民事农则田垦,田垦则粟多,粟多则国富,国富者兵强,兵强者战胜,战胜者地广……是以先王知众民、强兵、广地、富国之必生于粟也。故禁末作,止奇巧,而利农事。”自秦汉开始,历朝历代的统治者都将“重农固本”奉为治国的不易之道。自隋唐以后,伴随着经济中心的南移,中国农耕区不断扩大,“苏常熟、天下足”、“湖广熟、天下足”的局面形成。几千年农耕为主的经济形态,决定了中华民族精神的孕育和生长。“一分耕耘,一分收获”的农耕经济培养了中华民族艰苦奋斗、自强不息的精神,也形成了重实际而黜玄想的务实精神。

积贫积弱,丧权辱国

近代中国,一步步沦为半殖民地半封建社会,西方资本主义国家利用侵略特权,疯狂地向中国倾销商品和掠夺原材料,逐步把中国市场卷入世界资本主义市场,中国以农耕为主的自然经济开始逐步解体。19世纪末,帝国主义国家资本输出日益增大,加之殖民地日益成为它们赖以生存的基础,对海外的殖民掠夺更加剧烈。中国在甲午战争中的惨败和清政府的投降政策,大大助长了列强争夺中国的野心,并掀起了争做中国债主、强占租借地和划分“势力范围”的瓜分狂潮。这一时期,民族资本主义在帝国主义和封建主义双重压迫的夹缝中艰难地发展着。列强在中国开办企业,大量掠夺中国资源,占领中国市场,严重阻碍了中国民族工业的发展。在第一次世界大战期间,帝国主义列强暂时放松了对中国的侵略,民族工业迎来了“短暂的春天”,大战结束不久,列强卷土重来,中国的民族工业很快萧条下去。

半殖民地半封建的社会性质、畸形的经济形态和严重的民族危机使中华儿女开始了救亡图存的漫漫征途, 他们为挽救民族危机而奔走呼号,“变法维新”、“实业救国”、“民主共和”、“民主科学” 成为当时最具影响力的思潮。与此同时,先进的中国知识分子从十月革命胜利的欢呼声中看到了中国的新出路，举起了反帝、反封建、反官僚资本主义的大旗。在这一时期，反帝、爱国、民主、科学融为一体，孕育出反帝救亡的爱国主义精神和反封倡新的民主与科学精神。

发展是硬道理

中华人民共和国成立后，中国共产党把马克思列宁主义普遍原理同中国具体实践相结合，创造性地开辟了中国特色社会主义道路，形成了社会主义基本制度与市场经济相结合的中国特色社会主义市场经济体制，开启了全面建设小康社会的伟大征程，并通过有计划地进行大规模的社会主义建设，使中国成为世界上最具有发展潜力的经济大国之一，人民生活总体上达到小康水平。

新中国的历史是一部艰苦卓绝、波澜壮阔、辉煌灿烂的英雄史诗。在六十多年波澜壮阔的现代化建设中，中国走过了西方发达国家几百年的工业化和现代化历史进程，取得了举世瞩目的辉煌成就，实现了屹立于世界民族之林的共同目标，并在社会主义现代化建设中形成了改革创新精神、民主法治精神和公平正义精神。这极大地丰富了中华民族精神的内容，激发了广大中华儿女建设社会主义现代化的巨大热情。

从 1953 年到 2010 年，中国已陆续完成十一个“五年计划”，并取得举世瞩目的成就，为国民经济的发展打下了坚实基础。2012 年 1 月 17 日，国家统计局发布的 2011 年国民经济运行情况显示，全年国内生产总值 471564 亿元，按可比价格计算，比上年增长 9.2%。全年进出口总额 36421 亿美元，比上年增长 22.5%；出口 18986 亿美元，增长 20.3%；进口 17435 亿美元，增长 24.9%。进出口相抵，顺差 1551 亿美元，实现了“十二五”时期经济社会发展良好开局。

现阶段，发展社会主义市场经济，夯实民族精神的根基，应该从以下方面着力：

扩大内需促增长。投资、消费和出口被誉为经济增长的“三驾马车”。一个稳定增长的 GDP 的大部分应该是由需求贡献的，而中国的国内需求却是近几年单调递减，形势不容乐观，政府高呼的“拉动内需”迫在眉睫！以爱国主义为核心的民族精神要继续弘扬、发展，牢固的经济根基是其迎风招展、屹立不倒的重要保证。

扩大内需主要是通过扩大国内投资和国内消费来带动国民经济增长。对我国这样一个拥有世界上潜力最大的国内市场的发展中大国来说，拉动经济增长的最主要力量仍然是国内需求，这是我国经济发展的坚实基础。关于扩大内需，有一个通俗的解释：扩大内需就是一单元隔壁几家人，你拿钱给我，我拿钱给你，换着买东西，这样产生税收，产生GDP。

在扩大国内投资方面，国家主要通过加大对基础设施建设项目的投资来拉动内需，中央重点倾斜的是铁路、公路、桥梁、机场、电站、高新科技产业等重大领域；至于如何扩大消费，李克强副总理曾用几个排比句表达了政府的思路："提高城乡居民，特别是中低收入群众的收入，让老百姓有钱消费；进一步健全社会保障制度，让老百姓敢于消费；采取鼓励消费的财税、金融等政策和措施，让老百姓乐于消费；改善消费的环境和条件，让老百姓方便消费；加强市场的监管，让老百姓放心消费。"

根据国家统计局发布的数据，2011 年全年城镇居民人均总收入 23979 元。其中，城镇居民人均可支配收入 21810 元，比上年名义增长 14.1%，扣除价格因素，实际增长 8.4%。这表明，我国扩大内需的经济政策取得了良好的效果。

缩小差距共富裕。缩小贫富差距、实现社会公平是营造稳定社会环境的重要保证。我国作为世界社会主义大国，要体现社会主义的优越性，则需要缩小贫富差距、实现社会公平，不能只是少数人因物质丰富而产生对精神的寄托和诉求，要让以爱国主义为核心的民族精神遍及全国、滋养人民。这也是民族精神得以传承与发展的根本途径，只有少数人富有的民族精神是无法长久的。因此，有效遏制不合理的贫富差距、合理兼顾效率与公平，需要从以下方面入手：

"限高"：完善税制系统。提高个人所得税起征点，并对遗产税、赠予税、消费税等税种加紧研究并适时出台；规范垄断收益分配。

"拔低"：通过提高最低生活保障标准、职工最低工资标准、离退休金标准等，提高保障水平和低收入者收入水平。通过加强培训，提高基础教育水平、促进就业等措施，不断提高低收入人群就业能力。

"扩中"：提高第三产业比重，为提高中等收入阶层比重提供产业基础；提高知识阶层、专业人员的报酬，扩大中等收入者队伍；规范收入分配秩序，推进机关事业单位收入分配制度改革。

"立法"：通过加快收入立法进程、建立健全公共财政预算体系、建立收入的监测、预警体系等完善相关法律法规，充分发挥银行、财务、审计、税收等监督调控职能，让收入分配更加公平合理。

据国家统计局统计，近20年来，在实现个人收入公平分配中，我国城乡居民收入差距于2011年缓步缩小，与2010年相比，收入差距从3.23:1降为3.13:1。数据表明，近年来，农民收入不断提高，城乡收入差距产生了明显的回落，我国缩小贫富差距、实现社会公平的政策取得了阶段性成功。

促进就业保稳定。以爱国主义为核心的民族精神不论在革命与战争年代还是在和平与发展时期，都是民族复兴的坚实原动力。以爱国主义为核心的民族精神与广大的人民群众生存现状紧密相连，沉重的就业压力严重压抑和阻碍人们去关心生计以外的其他事物，如果就业问题得不到很好的解决，民族精神就谈不上弘扬。

"十二五"时期，我国就业形势将更加复杂，就业总量压力将继续加大，劳动者技能与岗位需求不相适应、劳动力供给与企业用工需求不相匹配的矛盾将更加突出，造成企业"招工难"与劳动者"就业难"并存，就业任务更加繁重。

今后5年城镇将新增就业岗位4000万个，农业劳动力向非农产业转移4000万人。达到了这样的目标，城镇失业者仍将有1200万人以上，农村仍将有1亿以上的剩余劳动力。积极扩大就业是需要长期坚持的一项基本政策，没有解决就业问题，就没有城乡居民收入的增加和消费水平的提高，就不能创造一个稳定的国内环境，国内市场也不可能开拓，经济就不可能持续增长。

为了做好"十二五"时期就业工作，促进经济发展与扩大就业相协调，促进社会和谐稳定，2012年1月，人力资源社会保障部、发展改革委、教育部、工业和信息化部、财政部、农业部、商务部联合制定了《促进就业规划(2011—2015年)》。《规划》主要采取以下措施促进就业：提高经济发展对就业的拉动能力；实施更加积极的就业政策；统筹做好城乡、重点群体就业工作；大力开发人力资源；加强人力资源市场建设；加强失业预防和调控；健全劳动关系协调机制和企业工资分配制度；加强劳动保障监察和劳动人事争议调解仲裁。

吹响民族精神的号角

当代青年人，有谁没看过好莱坞电影，但作为我国传统文化的重要代表的《道德经》又有多少年轻人读过？当肯德基、变形金刚、韩剧充斥着当代青年人的生活时，我们猛然发现：和中国对外贸易“出超”相比，中国的对外文化交流和传播则是严重“入超”，存在着巨大的“文化赤字”。时任国务院新闻办公室主任的赵启正曾列举了以下数据：

图书贸易：多年来，中国图书进出口贸易大约是10:1的逆差，出口的图书主要是到一些亚洲国家和中国的港、澳、台地区，面对欧美的逆差则达100:1以上。

对外演出：中国对外演出长期以来都处于廉价交易的状态，一些艺术团出去演出一场的收入只有几百美金。与此对比强烈的是，“世界三大男高音”来中国演出的出场费动辄数十万美元，欧美四大音乐剧、世界十大交响乐团等来华演出的最高票价卖到5000元。

语言文化：在语言文化方面，中国和西方的交流也处于严重逆差状态。英国财政大臣布朗2003年来中国时说，英国从中国进口的越来越多的家电、服装和其他东西可以用出口的一样东西来平衡，这就是英语。

阅读材料

汉语危机：可能危害国人的文化认同与民族认同

2011年1月，中国青年报社会调查中心通过清研咨询和民意中国网，对3269人进行的一项民意调查显示，80.8%的人确认我们当前存在汉语应用能力危机。《汉语的危机》作者、《文艺争鸣》杂志编审朱竞认为：汉语危机的背后，是中华民族的文化危机。汉语表达的日益粗鄙化，以及公众对汉语的普遍漠视，反映出当代中国人与自身传统文明之间出现了难以弥合的断裂，从而可能危害国人的文化认同与民族认同。

为此,《“十二五”规划纲要》提出要“推动文化大发展大繁荣,提升国家文化软实力”。软实力的核心是民族精神,提升文化软实力,最关键的就是要培育民族精神。民族精神是活的生命,只有发展,才有持久的生命力,只有传播,才有影响力。民族精神需要在发展和传播中获得持续的生命力。加强民族精神的传播就需要我们踏实培植国内基础,同时加强对外宣传,双管齐下才有成效。

夯实民族精神国内基础

一个国家各种物质实力展现的是一时的强盛,拥有远大的民族理想才是实现长久强盛的不变真理。我国拥有世界上任何一个国家都无法比拟的悠久历史,以优秀而精深的传统中华文化教育中华儿女是弘扬民族精神、增强我国文化传播的根本立足点;同时,弘扬和培育民族精神离不开社会主义精神文明的建设,一个国家的强盛是在物质上和精神上都先进的综合表现,精神上挨饿迟早致使物质上的病态。

夯实民族精神的国内基础,培育民族精神植根的土壤,首先要继承和发扬中华民族的优秀传统文化。民族精神是民族优秀传统文化的集中体现,优秀传统文化是民族精神得以传承的具体形式,通过新闻媒体的正面宣传、典型报道,以及“诵经典”、“学历史”等一系列学习优秀传统文化活动的开展,来营造良好的社会舆论环境和文化氛围,使全体人民在优秀传统文化的熏陶中体验、感受民族精神。同时,通过让全体人民积极参与到节日纪念活动、重大历史事件纪念活动、重要历史人物诞辰纪念活动和大型庆典活动等文化活动中来,可以使全体人民了解和领悟民族精神的丰富内涵,增强民族自豪感和认同感。近年来,全国范围内掀起了对中国历史和传统文化的学习热潮,出现的“国学阅读热”或“国学热”和举行的各种历史人物祭祀活动就是我们民族文化自信和文化自觉的一种表现。

除此之外,要加快发展文化影视产业,大力支持主旋律影视作品。文化影视作品作为先进文化传播的重要方式,文化影视作品是弘扬和培育民族精神的重要载体,担负着倡导积极向上的精神追求和健康文明生活方式的使命。2011 年,适逢中国共产党建党 90 周年和辛亥革命 100 年纪念,以此为题材的电影作品大量涌现。其中,《建党伟业》和《辛亥革命》两部作品，表现尤为突出。《建党伟业》将近90年历史波澜和上百位风云人物浓缩进2个小时的电影里，还原了重大历史事件和历史风貌，场面宏大震撼。《辛亥革命》是第一部从人文视角全景式反映辛亥革命的史诗巨片。影片生动刻画了孙中山、黄兴、徐宗汉、秋瑾、袁世凯等历史人物，展现了一幅雄壮的、可歌可泣的历史画卷。此外，《湘江北去》、《风华正茂》、《开天辟地》、《杨善洲》等一些作品也带给了观众不同的感动，为观众传递了信仰与精神。

加强民族精神的对外传播

“海纳百川，有容乃大。”中华民族上下五千年，经历过无数对外交流，也经历过多次外族入侵，但中华文明从不曾被溶解、被消除。与此同时，中华民族精神也伴随着各种对外交往方式，不断向周边国家乃至欧非等地发散传播，对世界文明作出了贡献，而且始终以一种博大的胸襟吸收和融合其他国家民族精神的优秀成果，丰富发展了自己。

我们有几千年以“仁”、“和”为核心的文化传统，崇尚“和为贵”、“亲仁善邻”、“协和万邦”。隋唐时期，中华文化辉煌灿烂，光照四邻。隋唐统治者推行开明、兼容的文化政策，为文化发展和传播创造了有利的氛围，中原王朝与新罗、日本、东南亚、印度半岛、中亚、西亚、欧非各国的友好交往频繁，长安、洛阳聚集了各国使节、商人、留学生，成为当时的国际大都市。几百年后，郑和曾率领当时世界上最强大的船队七下西洋，带去的不是血与火、掠夺与殖民，而是瓷器、丝绸和茶叶，不仅加强了中国明朝政府与海外各国的联系，展现了天朝上国的大国风范，更给南洋、西洋各国带来丰厚的经济实惠，这种“共享天下之福”的中华民族天下观与西方帝国主义的殖民掠夺形成鲜明对比。

近代中国国力衰退、积贫积弱，在对外交往中备受欺凌，被西方列强视为“停滞落后的东方”，是一个“拒绝接受任何进步的东西”，“只会沉醉于自己的神话传说的国度”，然而，中华民族依靠强大的民族精神，历经磨难而不衰，饱尝艰辛而不屈，千锤百炼而愈加坚强。

现如今，随着中国经济的发展以及与国际社会交往的日益频繁，中国的国际形象、国际地位在不断地提升。面对日新月异的世界，弘扬和培育民族精神，必须坚持发展社会主义先进文化这一主流，在具有独立性、包容性和自觉性的思维引领下,积极主动地向全世界去宣扬中华民族精神、传播中华民族精神,并用全球性的眼光和“拿来主义”的勇气,对域外文明进行去粗取精、合理吸收。中华民族精神只有在“引进来”和“走出去”中不断注入新鲜的血液,才能身强力壮、立于不败之地。

2011 年 1 月 17 日, 由中国国务院新闻办筹拍的《中国国家形象片——人物篇》在美国纽约时报广场大型电子显示屏上播出,中国各领域杰出代表和普通百姓在片中逐一亮相,让美国观众了解一个更直观更立体的中国国家新形象。《中国国家形象宣传片》集中体现了中华民族团结统一、独立自主、爱好和平、自强不息的精神。中国人民正是依靠这个民族精神,在祖国广阔的土地上创造了一个又一个人间奇迹,缔造了为世人惊叹的灿烂的中华文明。在海外播出“代表中国心、展现中国梦”的系列宣传片对展示中华民族精神、传播中华文明、树立良好的中国国际形象具有积极的意义。

随着现代交通通信技术手段的发达,文化传播媒介的增多,世界范围内的文化传播正通过各种途径, 以前所未有的规模和速度进行着,由此导致世界文化的同质性日益增强。因此,在中华民族精神的对外传播中,我们要注意保持中华民族精神的独立性、包容性和自觉性。一方面,尽管由于全球化使不同民族精神表现出一定的趋同性,但是不同民族的民族精神还是表现出不同的特点。中华传统民族精神具有悠久的历史,它凝聚了中华民族独特的实践智慧、审美魅力和生活情趣,并保持着源远流长、兼容并蓄的个性发展,体现出浓厚的中国风格、中国气派、中国美感;另一方面,在全球一体化进程中,博采世界各文明之长是弘扬和培育民族精神的必由之路,中华民族精神也应对其自身应有正确的认知和定位,并对其发展历程和未来有充分的认识。中华民族精神是个开放的体系,坚持以中华民族的传统文化为主,同时又不保守、不排斥、不拒绝人类文明的优秀成果,这是中华民族几千年生生不息、发展壮大的一个重要原因,狭隘民族主义、妄自尊大、抱残守缺都将使民族精神消灭殆尽。唯有明白中华民族精神的形成发展过程,认识到它的优势和弱点,以开放进取的心态、博大的胸怀学习借鉴世界其他先进文明,中华民族精神才能长青于世界民族之林。

浇铸民族精神的灵魂

中华民族在五千多年的历史发展中，历经磨难，百折不挠，不仅没有在历史的惊涛骇浪中沉沦，而且以东方巨人的英姿屹立于世界民族之林，依靠的就是伟大的民族精神。依靠这种精神，中华民族的祖先创造了灿烂辉煌的古代文明；依靠这种精神，无数仁人志士勇立时代潮头，为民族独立和人民解放奔走疾呼；依靠这种精神，中国共产党领导人民推翻了帝国主义、封建主义和官僚资本主义三座大山，建立了新中国。

中华民族精神是一个历史范畴，在不同社会发展时期、不同阶段，有着不同的具体内容。中华民族在五千年艰苦奋斗、抵御外敌的发展史中，孕育了以爱国主义为核心的团结统一、爱好和平、勤劳勇敢、自强不息的伟大民族精神；在近代历史中形成的反帝救亡的爱国主义精神和反封倡新的民主与科学精神又为中华民族精神增添了新的内容。新中国成立后，中国共产党在领导人民进行长期的实践中不断结合时代和社会的发展要求，不断丰富、培育和锤炼民族精神，使民族精神在不断发展中升华，富有强大生命力。革命和战争年代，我们形成了井冈山精神、长征精神、延安精神、红岩精神；建设和改革时期，我们又形成了大庆精神、雷锋精神、焦裕禄精神、"两弹一星"精神。依靠这些民族精神，我们战胜了各种艰难险阻，经受住了各种严峻考验，取得了举世瞩目的成就。改革开放以来，面临着和平与发展的时代主题、经济全球化的滚滚浪潮、社会主义市场经济、突飞猛进的科学技术和一日千里的大众传媒，在对我国进行社会主义现代化建设中，中华民族精神需要"吐故纳新"，主动迎接机遇与挑战，在改变中发展自身，巩固社会各方面的发展。

在改革开放的实践中创新民族精神

党的十一届三中全会以来，经过 30 多年的改革实践，中国社会发生了翻天覆地的变化，取得了举世瞩目的成就。中华民族精神也在改革开放的伟大实践中得到进一步升华，实现了中华民族精神的当代创新。

作为党的第二代领导核心，邓小平将独立自主、勇于探索、敢于创新的中华民族精神弘扬和融合在领导中国人民建设社会主义的伟大实践之中,为当代创新民族精神开辟了新机遇。从1978年邓小平《解放思想,实事求是,团结一致向前看》的报告开始,经过1992年的南方谈话,到党的十四大,通过14年的艰辛探索,成功地实现了马克思主义与中国实际相结合的第二次历史性飞跃,开辟了中国特色社会主义理论体系。改革开放的大好局面为中华民族精神的开拓创新提供了良好的社会发展契机和社会条件。在崭新而丰富的社会实践中新思想、新观念不断涌现,具有时代精神特征的先进模范、典型人物和群众也层出不穷。这一切极大地拓展了中华民族精神的内涵。

党的十三届四中全会以来,世界经济全球化、政治多极化趋势日益明显, 中国改革开放和社会主义市场经济体制向纵深发展的过程中,面对外来文化的冲击,如何坚守爱国主义精神、发展和弘扬民族精神,实现中华民族的伟大复兴,成为以江泽民为核心的第三代中央领导集体的重要历史任务。这一时期对中华民族精神的论述集中体现在十六大报告中,报告全面提出“坚持弘扬和培育民族精神”,对中国共产党带领全国人民所创造的井冈山精神、长征精神、延安精神、红岩精神、大庆精神和“两弹一星”精神进行了总结和阐释,明确了弘扬和培育民族精神的历史使命,并在1998年的抗洪抢险斗争中形成了“万众一心、众志成城、不怕困难、顽强拼搏、坚忍不拔、敢于胜利”的伟大抗洪精神。

伟大的事业需要伟大的精神,伟大的精神成就伟大的事业。党的十六大以后,在全面贯彻和落实科学发展观的伟大实践中,以爱国主义为核心的民族精神得到进一步升华,以改革创新为核心的时代精神得到进一步弘扬。以胡锦涛为总书记的党中央认为,民族精神是一个民族赖以生存和发展的精神支柱, 在新形势下弘扬和培育民族精神具有重大意义。胡锦涛同志曾指出:“民族精神是我们民族的生命力、凝聚力和创造力的不竭源泉。”在这一时期具体形成的抗击“非典”精神、载人航天精神、抗震救灾精神、北京奥运精神等重要的中华民族精神是爱国主义、集体主义、社会主义精神的集中体现和新的发展,是我们党、国家、军队和人民的宝贵精神财富,值得全国人民认真学习和大力弘扬。

在时代进步中丰富民族精神

任何一个民族,要想走在时代的前列,就必须保持其民族精神的先进性。民族的发展和复兴,必然包含着优秀传统文化的继承。然而,推动民族进步,并不只是继承传统的民族精神,而是要在弘扬民族精神的基础上,把握时代脉搏,培育适应时代要求的新的民族精神。

胡锦涛在庆祝中国共产党成立90周年大会上提出要坚持以爱国主义为核心的民族精神和以改革创新为核心的时代精神。中华民族的伟大复兴既取决于民族精神的弘扬,亦取决于以改革创新为核心的时代精神的弘扬。民族精神与时代精神密不可分,凝聚民族精神和时代精神才能最大限度地激发民族复兴的精神力量。民族精神只有与时代脉搏对接,与时代精神结合,才能不断吸收时代精神的精华,充满生机活力,展示其时代意义和当代价值。

随着时代的发展,中华民族面临不同的时代挑战,中华民族精神在中华儿女应对时代挑战、解决时代任务中不断得到丰富和完善。中华民族的伟大精神,实质就是始终坚持以爱国主义为核心,在时代的土壤中继承、发展、创新的民族精神。自20世纪七八十年代始,中华民族面临着实现国家富强、人民富裕的历史任务,“什么是社会主义,如何建设社会主义”成为摆在中华民族面前的重大课题,中华儿女紧密团结在党的周围,迎难而上、勇于探索,创建了有中国特色的社会主义理论及思想体系,在改革开放和建设中国特色社会主义的进程中推动了民族精神的当代创新;90年代末,全国各族人民在党的带领下,围绕“建设一个什么党,怎样建设党”的历史命题,气壮山河地开始了全面推进有中国特色的社会主义现代化建设的伟大实践,同心同德地开创了社会主义现代化建设的崭新局面,有力地振奋和丰富了民族精神,加强了社会主义精神文明建设;从新世纪开始,我国进入了全面建设小康社会、加快推进社会主义现代化的新的发展阶段,然而资源短缺、环境恶化、生态破坏等一系列危害中华民族生存和发展的问题却日益凸显,党中央凝聚全党全国各族人民的智慧和力量,开创性地提出了“科学发展观”和“社会主义和谐社会”等重大战略思想,创造性地回答了“实现什么样的发展,怎样发展”这一关乎中华民族生死存亡的关键问题,为民族精神的发展注入了新的最现实最生动的时代内容。

少年强则国强。青年作为民族的希望与未来,是民族精神的继承者、时代精神的创造者。胡锦涛总书记在北京大学建校110周年时,希望同学们“坚持爱国主义与社会主义的高度统一,时刻心系民族命运、心系国家发展、心系人民福祉,使爱国主义精神在新的时代条件下发扬光大……强化社会责任感和历史使命感,把个人的成长进步融入到推动国家发展、民族振兴的时代洪流中去,矢志为实现远大理想而不懈奋斗”。与此同时,当代青年人更需要思索一种深层次的、富有理性的爱国主义情感,一种居安思危、理性务实的民族精神,一种思虑如何将自己的青春和智慧与新中国60年来无数前辈心血凝成的伟大成就相联系和发展的“大我”精神。令人振奋与自豪的是,姚明的高度、刘翔的速度、金晶的风度,让我们感受到了当代青年强烈的民族自尊心、自信心和自豪感;洪战辉的自强不息、长江大学大学生的见义勇为、“90后”孝女孟佩杰的重孝德知感恩,让我们看到了当代青年敢于担当、奋发图强的精神风貌。在抗震救灾、北京奥运的洗礼中,中国年轻的一代,他们英勇地站到共和国的前线,血管里奔涌着爱国情怀和责任担当,成为我们伟大民族精神的青春载体。

人们记得,在北京奥运场馆内外一批年轻志愿者举止优雅、通晓外语、擅长交流、尊重规则,让国际社会看到了富有自信和进取精神、充满人文情怀的新一代中国青年。“鸟巢一代”多数为“80后”,甚至“90后”,他们借助奥运在国际舞台上初露锋芒,赢得掌声,成为中国“软实力”的优质代表,成为国际社会了解中国的一扇窗口。

在国外媒体眼里,“鸟巢一代”经历四川地震“敢于承担”的考验和奥运洗礼,他们被描述为具有爱国热忱、有梦想敢竞争、善于交流、责任心强、崇尚参与、友善快乐等特质,蕴含着改革开放时代的品质和“领军一代”的潜质。有媒体预判:中国的未来是什么样子的?那么请留意“鸟巢一代”吧。

在与世界文明对话中弘扬民族精神

《诗经》曰:“他山之石,可以攻玉。”(《诗经·小雅·鹤鸣》)中华文化厚德载物、兼容并蓄、包罗万象、纵横古今、跨越山河,中华文化不仅包含了齐鲁、燕赵、秦晋、巴蜀、吴越、荆楚、岭南等不同地域文化,还融合了儒、道、法、佛等不同学派。中华民族像一位虚怀若谷的上德之人,不会因为吸收了他人的优点而丧失自我,反而是增添了自己的德行,与五光十色的“他山之石”相得益彰,温润如玉。这本身不仅仅是一种气度的表现,更是对本族优秀文化的肯定,对他文化的尊重!

文化和精神需要交流、碰撞,更需要包容与吸纳。我国历史之所以绵延至今、源远流长,是因为中华民族从古至今始终秉持着海纳百川、兼并包容的精神状态与文化内涵。一方面,中华民族各族间的密切交往,使文化得以相互交流、融合,为中华文化和精神增添了刚劲、豪爽、热烈、活泼的多民族色彩;另一方面,中华民族在与世界其他各民族的频繁往来中,得以吸收外来文化的优秀成分,使中华文化和精神更悠远、更深邃。

费孝通先生曾说过:“各美其美,美人之美,美美与共,天下大同。”每个民族都需要坚守和发扬本民族的精神、文化,不吸收、不采纳其他民族的优秀成果的民族,注定要衰落,甚至消亡。2004年,在绚烂夺目的中法文化交流年中,埃菲尔铁塔的中国红和香榭丽舍大道上的中国盛装表演在巴黎引起轰动,而随后紫禁城午门城墙上映射的法国三色国旗以及如火如荼的“法国时尚百年展”让中国人感受到法兰西的激情与浪漫。2008年,奥林匹克的北京乐章,从祥云圣火的激情传递,到五洲健将的公平竞技,都鲜活地呈现出现代中国的鲜明形象,使拥有五千年灿烂文化的文明古国,在现代奥林匹克历史上写下了浓墨重彩的一笔。与奥运会一样,2010年上海世博会也不仅是一场技术博览的盛会,更是民族文化、民族精神对话世界文明的极好机会,不同文化、不同文明和谐交流的平台。中华民族精神将在对话中丰富其现代内涵和世界意义,世界将在对话中更加了解中国、认识中国。

历史的经验和现实的实践启示我们,弘扬民族精神既不能搞狭隘的民族主义,也不能搞大国沙文主义。在新的历史时代弘扬民族精神,需要我们建立一种宽广的文化气度和高远的世界眼光。我们既要继承和发扬中华民族的优秀成果,也要学习和吸收世界各国包括资本主义发达国家所创造的一切文明成果。在经济全球化的背景下,只有以开放的心态、现实的精神迎接挑战,对话于世界文明,主动吸收人类所创造的一切精神文明成果,从中获得源源不断的生机活力,才能铸造出中华民族现代民族精神。

后 记

在中国五千年文明发展的历史上,爱国主义从来就是动员和鼓舞中华民族团结奋斗的一面旗帜,是中华各民族人民共同的精神支柱,在维护祖国统一和民族团结、抵御外来侵略和推进社会进步中,发挥了重大的作用。在新的历史条件下继承和发扬爱国主义传统,开展广泛深入的爱国主义教育活动,让全国人民特别是广大青年认真学习和了解中华民族优秀灿烂的历史文化,树立高度的民族自尊、自信、自强的精神显得尤为紧迫和重要。为此,我们编写了《万里长城永不倒——爱国主义为核心的民族精神》这本通俗读本,该读本作为社会主义核心价值体系通俗系列读本之一,是在对爱国主义为核心的民族精神进行历史梳理和总括性介绍的过程中,力求用通俗易懂的文字阐明:什么是爱国主义为核心的民族精神?为什么要弘扬爱国主义为核心的民族精神?怎么样弘扬爱国主义为核心的民族精神?

本书是国家社科基金重点项目“社会主义价值与社会主义核心价值体系的内在关联研究”(项目批准号:12AKS005)和中央高校基本科研业务费专项资金项目“社会核心价值体系与文化软实力发展研究”(项目批准号:11LZUJBWZJ002)的阶段性研究成果,该项目的研究一方面追求理论性、学术性,同时我们也尝试通过通俗性的文字使社会主义核心价值理念大众化。所以,本书的编写对我们来说是一种写作上的尝试和探索,本书编写组在科学严谨地阐述爱国主义为核心的民族精神基本内涵的同时，力求内容简练、语言朴实、案例丰富、形式多样，增强可读性和趣味性，扩大影响力和宣传度，激发广大理论研究者、基层党政干部和人民群众的阅读热情和动力，以达到宣传和普及的目的。

本书是集体劳动的成果，编写组全体成员多次集中讨论，制定了本书的基本内容、主要范围和编写风格。主编张新平教授主持讨论并确定了本书的编写大纲和内容框架，指导了本书的具体撰写和修订过程，并对全书进行统一审稿和定稿工作。张淑芳、陈小鼎参与了本书的大纲制定、章节修订、内容编写和全书审改及统稿工作，实际上起到了副主编的作用。杨荣国、李文达、李昕、蔡垚、许晶晶、黄丹婷、姜博瑞、王亚琪、宋晓钗分别参与了编写工作，并参加了全书的资料整理、图片收集等具体工作。丛书编写委员会多次召开全体会议，讨论和研究丛书编写事宜，并对本书的编写提出了许多建设性的意见和建议，兰州大学出版社社长崔明对本书编写给予了全过程的重点关注和精心指导。

在编写过程中，本书参考了大量已有的研究成果和资料文献，限于内容结构和编写形式，不能一一列明，在此谨向本书借鉴和参考的各类著作和文章的作者们一并表示感谢！

由于本书写作时间仓促，加之笔者研究水平有限，书中难免有不妥之处，恳请读者不吝指正。

本书编写组

二〇一二年十月于兰州大学